青少年品格

必修课

朱晓平 著

中国妇女出版社

图书在版编目（CIP）数据

青少年品格必修课 / 朱晓平著. -- 北京：中国妇女出版社，2019.9（2024.4重印）
ISBN 978-7-5127-1782-4

Ⅰ.①青…　Ⅱ.①朱…　Ⅲ.①品德教育–中国–青少年读物　Ⅳ.①D432.62

中国版本图书馆CIP数据核字（2019）第180454号

青少年品格必修课

作　　者：朱晓平 著
策 划 人：柏昃霞
责任编辑：应　莹　闫丽春
特约编辑：曾巧英
封面设计：木头羊工作室
内页排版：传城文化
责任印制：王卫东
出版发行：中国妇女出版社
地　　址：北京市东城区史家胡同甲24号　　邮政编码：100010
电　　话：（010）65133160（发行部）　　65133161（邮购）
网　　址：www.womenbooks.cn
法律顾问：北京市道可特律师事务所
经　　销：各地新华书店
印　　刷：湖南品悟纸品包装科技有限公司
开　　本：160×230　1/16
印　　张：18.75
字　　数：213千字
版　　次：2019年9月第1版
印　　次：2024年4月第12次
书　　号：ISBN 978-7-5127-1782-4
定　　价：58.00元

序一 立德树人，教育之本

爱自然生命力体系品格教育专家、立智微教育校长朱晓平老师潜心少年儿童教育研究，始终坚持育人为本、立德树人，带领一支有理想、有抱负的优秀团队不断探索、积极进取，逐渐发展成集合智能开发、团体训练、家庭辅导等多种服务的现代化教育集团；同时在全国爱自然生命力体系中，在林青贤院长的指导下，和一群有理想、有思想、有爱的导师们，一起研究如何做好青少年品格教育。值得赞许的是，作为年轻的教育工作者，朱晓平老师抱负远大、积极探索、著书立言、辛勤耕耘，在推广先进的教育思想和凝聚教育共识、探索现代教育规律方面不断努力，取得了突出的成果。这本书就是他众多成果当中的一本重要著作。

党的十九大报告在我国教育发展的基本方向问题上明确指

出："落实立德树人的根本任务，发展素质教育。"在2018年全国教育大会上，习近平总书记就我国教育的地位、方向、目标、任务等根本问题发表了重要讲话，其中反复强调了教育必须坚持"立德树人"的根本任务。无论是在重视程度上，还是落实要求上，都比以往提升了一个新的高度。这些重要精神在当代中国教育改革与发展中具有特别重要的意义。可以说，习近平总书记关于立德树人的一系列重要精神是习近平新时代中国特色社会主义思想体系的组成部分，也是中国教育的传统价值和实践成果，是所有教育必须坚持的目标和根本原则。落实立德树人的指导思想和原则，不仅关系到党中央精神和指导思想的落实，而且关乎治愈当代中国教育的痼疾，真正实现我国以人民为中心发展教育的根本方向。朱晓平老师以思想品德教育为主题著书立说，把握住了当代中国教育的根本方向，表现出的不仅仅是作者做人做事的积极态度以及教育者对孩子、对社会的负责精神，而且表现出了较好的政治理论水平和对教育本质的积极探索与思考。这无论是对于中国当代教育，还是对社会培训机构的定位与发展，都具有特别重要的意义。

青少年品格教育，不仅是实现教育立德树人的一种积极实践，也是一个重要的理论建构，其涉及的问题是多方面的。从大的角度，这一问题关乎教育的本质，关乎全社会的教育观、儿童观；从小的视角，这关系到在培养目标和教育体系当中思想道德教育的定位、内容、教育方法乃至评价体系，及它与其他教育内容之间的关系等。可以说，树立一个全面的德育观，是落实立德树人根本任务的基础和关键。朱晓平老师的这部著述，虽然没有完全从理论上进行系统的阐述，但他所搭建的论证阐述结构具有较好的理论背景和架构的支撑，较为完整地体现了上述几个问题，从分析框架上体现了相对完整的理性思考。这对于在全社会普及正确的教育观念，提升广大教育工作者和家长对于立德树人根本任务的理解和实践，具有很重要的启发意义。

立德树人是中国教育的优良传统，也是中国思想文化的精华之一。“立德”文化渊源可以追溯到先秦时期提出的“三不朽”，即“太上有立德，其次有立功，其次有立言”，提出了人生要想留下痕迹实现不朽，可以有三个方面的作为：有道德是高层次的不朽，其次是立下功勋，再次是留下思想和言论。立德从道德的角度告诉人们，具有高尚的道德情操，能够成为后世效仿的榜样，就能使人格不朽；立功从事业的角度告诉人们，为国为民建功立业，造福人们与社会，能使事业不朽；立言从思想文化的角度告诉人们，著书立说，留下有价值的言论，就能使思想不朽。这三者都不会因为生命的终结而消失，是能够超越有形生命实体的永恒价值存在和追求的。而这三者之中，立德为最高，是价值之基石、修身之根本。在一定意义上说，立德树人所说之德，既包含了古代中华民族优良文化传统，包含了全世界人类的共同价值，也包括了体现在社会主义核心价值观上的中国共产党的执政理念。朱晓平老师的这部著述，列举了大量古今中外著名人士的道德故事，不仅可以直观地引导孩子践行立德树人的实践，而且有利于引导教育工作者思考立德树人背后的深远的文化渊源和深刻的文化价值，以及这一主题背后的多方面的价值表现。

立德树人重点是价值观教育，但同时立德树人也是重要的实践引领。中国文化自古以来强调道德的践行，以全世界共通的慈善文化为例，自古以来在中国社会就不仅强调仁义、善良的社会价值，而且积极倡导行善、善行。一些体现中国文化传统价值观的优良的家风家训，也常常会以具体的实践为基本要求，从行为训练入手。杭州一带著名的洪氏家训，以“六戒”（戒游、戒博、戒饮、戒斗、戒色、戒逸），从行为规范上教训后代：不能乱交朋友，不能赌博，不能饮酒过度，不能打斗，不能沉溺美色，不能贪图安逸。这份看起来简单的家训，让洪氏家族家风清正八百年，一门三宰相、五尚书，还出了剧作家、金石学家、钱币学家等文化名人。可见，践行是中国道德教育的优良传统，也是今天在市场经济条件下，引领少年儿童树立正确道德观的必由之路。朱晓平老师的这部著述，非常具体地阐述了如何培养好的人格，如何用贴近少年儿童、能够为少年儿童所接受又有较好成效的方式方法实现立德树人的目标，让少年儿童自己通过具体的经历学习做人做事的道理。特别是还针对少年儿童在道德发展当中常常遇见的问题，给孩子们提出了思考和解决问题的思路和方法，具有很强的指导性。

朱晓平老师的这部作品不是一部理论著述，但其用通俗易懂的叙事方法架构了道德教育背后渗透的基本理论，从古今中外博大的视角，以具体明确的认知引领和行为指导，为孩子们提供了一部人格修养的教科书。

是为序。

（陆士桢，中央团校、中国青年政治学院教授）

2019 年 5 月 27 日

序二

育人铸魂，回归本源

大约在上月初，朱晓平先生送了一本《青少年品格必修课》打印本给我，并请我为之写个序。我曾读过晓平写的两本书，一本是《微教育日记》，一本是《微教育》，写得都很好，特别是《微教育》。“人人是老师，事事是教案，处处是学校”应该是晓平阐述的教育思想。他已在自己从事的教育培训中践行，效果也很好。《青少年品格必修课》是晓平新的研究和实践，也与微教育相关联，让人欣喜。

品格是一个人的基本素质，体现人品和做事风格。它决定一个人回应人生处境的模式。品格、品德、品质、品性、品行、品位的状态决定一个人的人生状态。品格教育又可称为品德教育，是对孩子未来在个人生活和社会生存中进行帮助的教育，内容包括培养青少年美德，形成良好性格，促进心理健康发展。青少年是人生的“拔节孕穗期”，最需要精心引导和栽培。尽管家庭教育、学校教育、社会教育在其功能上各有侧重，但它们都有共同的使命——要对青少年进行品格教育、人格塑造。小而言之是解决孩子的做人问题，做一个人格健全、品格高尚完整的人；大而言之是解决培养什么人、怎样培养人、为谁培养人的根本问题。遗憾的是，较长一段时间以来，教育以分数认高低、比输赢，人们对青少年的思想意识、品德素养、精神家园建设重视不够，导致青少年对是非、美丑、善恶、真假混淆不清，甚至出现了颠倒，需要进行“拨乱反正”。为此，青少年品格教育是落实立德树人、育人铸魂的需要，是回归教育本源的需要，是提升育人品质，提升青少年核心素养的需要，需要家庭、学校、社会共同关注，共同实践。

晓平在《青少年品格必修课》中谈了自己对青少年品格教育的思考，提出了自己对品格的理解：例如，“什么是品格？是人格，是品德……需要依靠‘格’修行，方能不断完善”。又如，“品格教育需要包含五个维度：第一是爱！第二是道德规则！第三是思维方式！第四是价值观！第五是内在力量”。再如，什么能影响着一个人的品格呢？晓平认为有六个方面，即家庭教育、教师、圈子、社会、事件和自己，有自己的独到见解。书中还解读名人背后的品格，还给青少年播下品格的 48 颗种子，还就品格修炼回答了 20 个问题，对青少年来说这是一本品格修炼的好教材，相信会受到青少年的欢迎和喜爱。晓平是个有情怀、有使命的人，相信48颗种子会在青少年心田里开花结果。

我认为，教育是个大命题，品格教育更是侧重示范性的教育，家庭中的父母也好，学校的老师也好，社会的每个成年人也好，都应成为青少年品格塑造的引领者、示范者。如果我们都能言传身教，知行合一，品格教育的必修课必将成为人人的修行课，“行不言之教”就会成为可能，品格教育的大效就会形成。我充分相信、充满期待！

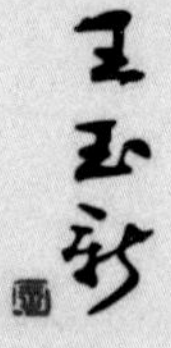

（王玉新，扬州市原副市长、现扬州旅游协会会长）

2019年5月25日

自序

做每件事情都应该有个出发点，往小了说称其为动机，往大了说称其为使命。学习如此，周恩来总理从小立志为中华崛起而读书；讲课如此，孔子带着学生周游列国，为了让天下太平；写书也是如此，一部《道德经》让多少人参悟千年，探索自然之道！

我为何要写这本书呢？缘于对当下问题的发现和思考！现在中华之发展，需要更多青少年来担当，因为无论在哪个时代，青少年都是一个国家和民族发展的希望！正如毛主席1957年发表的讲话所说："世界是你们的，也是我们的，但归根结底是你们的。你们青年人朝气蓬勃，正在兴旺时期，好像早晨八九点钟的太阳。希望寄托在你们身上……世界是属于你们的。中国的前途是属于你们的！"所以，我们青少年应该思考如何度过自己的人生，自己的人生意义当如何。

如今，青少年确实存在各种各样的问题。有些青少年天天学习却不知道学习的意义，变成了学习的"奴隶"；有些青少年为了逃避现实，沉迷于游戏而不能自拔；有些青少年与父母如同仇人，对父母不理不睬；有些青少年是精致的利己主义者，私心膨胀；有些青少年不懂得遵纪守法，触犯法律底线锒铛入狱；有些青少年无法控制情绪，暴力冲突和自残行为不断……面对这些问题，作为父母、老师，我们不能仅仅指责青少年的问题，而是应该共同思考如何去改善，因为相信每个青少年心中都有一颗善的种子，都希望活出幸福的人生。我们需要思考：我们的教育哪里出了问题？

我们国家也意识到了青少年品格教育的重要性，所以习主席多次强调要“注重家庭、注重家教、注重家风”，家庭教育对孩子的品格塑造极其重要；同时，党的十九大报告中，在我国教育发展的基本方向问题上明确指出，“落实立德树人的根本任务，发展素质教育”；在2019年全国教育大会上，习主席再次反复强调必须坚持“立德树人”的根本任务，强调这是“教育的首要问题”。

所以，写这本书，希望能够在当代众多的青少年心中种下一颗颗品格的种子，因为当代青少年是“担当民族复兴大任的时代新人”，是“强国一代”，是中国当代发展史上的重要代群。而这一代人的品格将影响中国乃至世界的未来发展！

品格教育不是说教，而是一个人终生的自我修行，需要不断觉察和突破自我；品格教育是家长的修行，因为父母在言传身教中传递着人生观和价值观；品格教育是教育者的修行，因为教师在传道授业解惑中需要不断地让自己成长；品格教育是社会的修行，因为整个社会的价值观和氛围影响着成长中的懵懂少年们。所以，希望青少年、父母、老师、社会人士都可以静下心来一起读读这本书，我们一起来探讨如何收获一个幸福的人生，如何成己达人，如何修身齐家治国平天下。

写这本书，也是一个重要的自我学习成长的过程！从事教育多年来，特别是最近几年，生命中出现了很多影响我的人，他们也在塑造着我的品格，在此我十分感恩！感谢林青贤院长，怀着巨大的愿力，希望能够让更多家庭幸福起来，从而创办爱自然生命力体系，把很多富有理想的家庭教育工作者聚集在了一起；感谢陆士桢、陈一筠、乐善耀等老一辈教育工作者，看着他们年龄渐长却放不下那一份为中国教育操劳的心，天南海北的奔波只为了让更多家庭幸福，心中十分感慨；感谢王玉新先生，作为扬州市原副市长和益智基金会名誉理事长，有着一颗心怀天下的教育者之心，在他的推动下，新家庭教育的火种在扬州城冉冉升起；感谢江苏省妇联和扬州市妇联的各位领导，十年来我一直参与妇联组织的各项家庭教育活动，亲眼见证着众多家庭的改变；感恩扬州市邗江区教育局局长何云峰先生，副局长冯长宏先生，家庭教育科谷锦洲先生、时金林先生等众多教育工作者，共同开创了“新家庭教育”模式，力求让“家教之城”成为幸福扬州的崭新名片，造福更多家庭；感恩胡大平老师十年来的悉心教诲，让我悟到“人人是老师、事事是教案、处处是学校”的精髓；感恩立智微教育团队的所有同仁，我们一起在教育的道路上携手同行，将品格教育融入学科教育，坚守立德树人的根本任务；感恩爱自然生命力体系众多的亲子导师和合作伙伴，谢谢大家给我力量，特别感谢奔波在全国各地传播品格教育的王建华、晏良云、徐红、袁云、王珏等青少年品格课程的导师和很多默默讲着品格公益课的导师们，感谢出版部沐芸老师为这本书长达半年的操劳。相信因为大家的努力，更多青少年的人生会被点亮，我们的人生也会因此而更加有意义！想感谢的人很多，因为我每天都被爱包围着，谢谢大家！

最后，我很荣幸能够写这本书，我也很荣幸您可以成为这本书的读者，因为我相信读这本书的人中，一定会有人成为教育家、艺术家、企业家、政治家、思想家、科学家、慈善家等，因为每个青少年甚至已经成年的我们，都具有无限的可能性。相信自己，大胆创造自己的精彩人生吧！

本书还有很多不足，请大家多多批评指正！

朱晓平

2019 年 6 月 1 日

目录

第1章 对青少年品格教育的思考

第2章 解读9位名人背后的品格

第3章 播下品格的48颗种子

第4章 答品格修炼20问

第1章

对青少年品格教育的思考

No.1

如何定义品格？我思考了蛮久！

既然要谈“品格”，总该先给“品格”下个定义。这挺难的，我思考了蛮久。

为何？因为品格是虚的，看不见，摸不着！很多人喜欢追求实在的东西，如成绩、金钱、房子等，却常常忽视虚无的东西，比如，我们天天呼吸着空气，沐浴着阳光，很多人却感觉不到空气和阳光的珍贵。品格就好比空气和阳光，在人的一生中看似不实在却又无处不在！品格近“道”，可“道”很难讲清楚，因为“道可道，非常道”。所以，注重品格教育，需要从虚无的“道”开始，了解规律，按照规律去为人处世！

品格的“格”字，我认为用“格物致知”解读更好。在中国古代儒家思想中，格物致知是一个重要概念，最早出自《礼记·大学》：“古之欲明明德于天下者，先治其国；欲治其国者，先齐其家；欲齐其家者，先修其身；欲修其身者，先正其心；欲正其心者，先诚其意；欲诚其意者，先致其知；致知在格物。物格而后知至，知至而后意诚，意诚而后心正，心正而后身修，身修而后家齐，家齐而后国治，国治而后天下平。”我理解为：我们需要通过对外在发生一切的觉察，不断反观自己，觉察自己，启发自己，突破自己，提升自己，当自己改变了，才能让家庭、国家、世界因为自己的变化而变化！另外，品格在古希腊文中，本意是在玉石或金属上雕刻，延伸为行为的典型和道德的塑造。也就是像雕刻石头一样磨炼自己，所以“格”是一个不断修炼自己的过程。

有人会问：品格和人格有什么不同？品格和人格在我看来没什么差别，如果一定要说有区别，我更喜欢“品”这个字，因为它有三个口，说明当一个人品格好的时候，不是自己说的，而是身边的人会口口相传的。纵观中外历史，品格好的人如孔子、包拯等名留青史，而品格糟糕的人如秦桧、希特勒等则遗臭万年！

如果再问：为什么不用品德？因为我觉得品德更加需要通过“格”的方式来实现，“格”在此解释为塑造，所以最终选择了“品格”一词。我并不是搞学术的，所以并没有作那么严谨的考据，在书中我也只是谈谈自己的一些想法。如果能对有缘看到本书的人有一点点启发，我便心满意足了！

总结一下，什么是品格？我认为是人格，是品德，是虚的，是道，是口碑。它需要依靠“格”的方式日日修行，方能不断完善。

No.2 品格教育的目的并不仅仅是做个好人

品格教育的目的仅仅是做个好人吗？我认为不是！因为，好人指的往往是有善心、宽厚待人、利益他人的人，而一个人的品格修炼，不光有利于他人，更会让自己受益！做个好人只是品格修炼中的一部分。我认为品格教育需要包含五个维度：

一、爱

什么是爱？爱也是虚的，像空气一样包围着我们。我很喜欢繁体字的爱——“愛”，因为爱需要用心才能感受到。品格教育的目的不仅仅是做个好人，而是让一个人内在能够温暖自己，外在可以温暖他人，如同一盏灯一样，点亮自己，照亮他

人！所以，品格的爱，首先要好好爱自己。这里的爱自己不是自私，不是什么都考虑自己，而是能够接纳自己、欣赏自己、突破自己、温暖自己，然后富有同情心、同理心和慈悲心地去利益他人、利益社会、利益动物、利益万事万物。这一切都需要爱的能量。爱的能量到底有多大呢？樊登老师（曾为中央电视台节目主持人，樊登读书会发起人）在介绍《感受爱》这本书的时候谈到一个故事：这本书作者的女儿患了抑郁症，作者相信药物可以改变情绪，于是给女儿用了多种抗抑郁药，可是女儿仍然因为病情持续恶化，最终结束了自己的生命。与之相对的，有一位已经被医生下了死亡通知书的人，却因为遇到了生命中的最爱，坠入了爱河，每天心情都特别好，还和爱人一起去旅行，结果身体奇迹般地恢复了健康！想必，这就是爱的力量吧！所以，爱是品格教育中很重要的部分。

孩子的品格和父母给予孩子的爱有关：如果父母对孩子批评指责过多，孩子感受到的是控制；如果父母对孩子陪伴太少，孩子感受到的是孤独；如果父母对孩子过分爱护，孩子感受到的是骄纵。

那么，青少年如何收获更多的爱呢？其实，爱不是来源于索取，而是来源于给予，当我们将爱给予他人的时候，如孝顺父母、关爱同学、心疼弱者的时候，我们才会收获更多的爱！这便是“爱出者爱返”。所以，我们可以通过品格的修行，感受爱，运用爱，付出爱，收获爱！

二、道德规则

什么是道德规则？我们生活在一个并非完全自由的世界，因为这个世界除了自己，还有他人，所以我们不能为所欲为！比如，在一个封闭的房间里面，我们可以随便跑来跑去，但是当有两个人在一个房间的时候，我们便需要注意不要冲撞到他人，当更多人来到这个房间的时候，我们便需要考虑更多人，同时也失去了更多的自由！所以，自由并不是想做什么就做什么，自由需要以道德规则的约束为前提！我们不可以去谩骂他人，不可以去闯红灯，不可以去强取豪夺，不可以去欺负弱小；否则，轻则会被人看不起，重则会受到法律的严惩。所以，品格教育不是单纯的爱，还需要有规则。

三、思维方式

什么是思维方式？稻盛和夫在《活法》一书中提到一个公式：人

生·工作的结果＝思维方式 × 热情 × 能力。热情和能力在 0 ～ 100 分的幅度内打分，而思维方式却可以在 - 100 分到 + 100 分范围内打分，可见思维方式对一个人人生的重要。稻盛和夫先生在书中写到，他在大学毕业的时候正逢就业困难期，因为没有门路，多次考试都不被录用，当时年轻气盛，甚至萌生了想去做“知识型黑社会成员”的想法。如果当时他真的选择了这条路，也许会成为一个小小的黑帮领袖，但是因为“思维方式”是扭曲的，是负值，就不可能有一个幸福的人生和后来的大有作为。那什么是思维方式呢？稻盛和夫先生说：“就是我们小学教室里面经常贴的标语：勤奋、知足、不自私、不贪心等，这些是绝对不能忽视的真理，不仅要用头脑去理解，更要让它们占据我们的心灵，变成我们的血肉。”

四、价值观

什么是价值观？价值观是我们行为的判断标准，有不同的价值观往往会有不同的行为。我常问家长们：“你们觉得是孩子的成绩重要还是身体健康重要？”绝大部分父母都会说“身体重要”，这个价值的排序便体现了价值观。可是我们真正的价值观不只是我们认为的，更是通过我们的言行体现出来的。我们更多地需要通过言行来判断一个人的价值观。例如，当孩子回家后，父母最先问孩子的问题也体现出价值观，如果问孩子“你累不累？想不想休息一下？”体现了父母重视身体健康，如果问孩子“你作业写完了没”说明父母重视成绩。所以价值观不仅仅是认知，更是言行，两者保持一致便是知行合一了！

本书通过对很多案例的剖析和解读在不断地强调价值观，相信大家阅读后一定会有所体会。

五、内在力量

什么是内在力量呢？一个人的心力！我们可以很容易地知道一个人的外在力量，通过能够举起多重的物体、能够跑得多快，甚至通过各种体育赛事或者彼此掰手腕来测量一个人的外在力量。如何度量一个人内在的力量呢？这点很难，可一个人的内在力量往往影响着外在的结果。高中时候我很喜欢看篮球比赛，那时候最著名的球队当属芝加哥公牛队，最著名的球星是迈克尔·乔丹。我喜欢看乔丹打球，不仅因为他能够精准地投篮，有完美的姿势，更是因为他总能化险为夷。很多次比赛，乔丹都在比分落后的情况下，在最后的 24 秒内完成逆袭，可见其内心的强大！所以，成大事者必有一颗充满力量的心，这颗心勇敢、豁达、利他！可是这颗心和身体一样，不是生来就有的，而需要经过后天的修炼。现在健身的人越来越多，如果修心的人也越来越多就更好！

以上对品格教育的五个维度的解读，未必准确，是否准确也不是那么重要；未必清晰，因为五个维度往往也相互交织。大家读这本书的时候，也无须定义性地去了解某个品格属于哪个维度，因为品格是无形的，更多的不是用脑袋去思考，而是用心去感悟；不是用知识去判断，而是用智慧去运用；不是用嘴巴去说，而是用行动去做！

No.3 中国人最注重的教育是什么？品格！

我们中国，五千年来，最注重的教育是什么？毫无疑问，当属品格教育！

从《易经》开始。乾卦："天行健，君子以自强不息。"坤卦："地势坤，君子以厚德载物。" 在这里，强调了一个人若想有所作为，要像天一样，自强不息，勤奋创造；要像地一样，厚德载物，利益他人。同时坤卦中说道："积善之家，必有余庆；积不善之家，必有余殃。"告诉我们要多做好事，不做坏事！

老子的《道德经》中也处处彰显品格之道。第二十二章："不自见，故明；不自是，故彰；不自伐，故有功；不自矜，故长。"教导我们做人要谦虚不骄傲，要低调不炫耀。第六十七章："我有三宝，持而保之：一曰慈，二曰俭，三曰不敢为天下先。”教导我们要有爱、要柔和，要节俭、要克制，要不争、要掌握时机。

佛家的思想中追求“空”，这里的“空”不是没有，而是巨大的有，所以说“真空生妙有”。那为何要空掉呢？因为关于“我”有三个境界，分别是“小我”“大我”“无我”。“小我”多的时候考虑自己多，会患得患失；“大我”多的时候则会考虑利益更多，为社会、为国家做点事情；到了“无我”的境界则能够了无私心，利益众生！为何如此呢？对我们有什么好处呢？佛教说智者畏因，愚者畏果，凡事有因果！我曾经拜访一位101岁的高僧，他是高旻寺的德林老和尚，他告诉我“诸恶莫做，众善奉行”，即多做好事方能有好运随行！

孔子的儒家思想中最强调“仁”和“礼”。“仁”可以作为爱来理解，仁者爱人，告诉我们一个人心里不能只装着自己，而要装着更多的人，因为“己欲立而立人；己欲达而达人；己所不欲，勿施于人”。一个人如果心里能够成就更多人，才能被更多人成就。同样，自己不想要的东西不要强加在他人身上，需要多多换位思考！“礼”可以作为规则来理解，对国家要忠诚，对父母要孝顺。在古代，当父母去世，无论你官居何位，都需要回家守孝三年，因为小孩子三岁才能离开父母的怀抱，才能独自走路，这三年是父母最辛苦的时候，以守孝三年的方式回报父母养育之恩！虽然随着时代的发展，守孝的时间有所变更，但这样一颗孝顺之心不能减退。

明朝王阳明的心学中强调“心”的重要性！王阳明故居的正堂上挂着“吾心光明”的匾额。王阳明的心学凝成四句话：“无善无恶心之体，有善有恶意之动，知善知恶是良知，为善去恶是格物。”格物便是立明本心，为善去恶，知行合一。王阳明认为人人有良知。王阳明在庐陵担任县令时，抓到了一个罪恶滔天的大盗，这个大盗冥顽不灵，面对各种讯问顽固抵抗。王阳明亲自审问他，他一副死猪不怕开水烫的架势，说：“要杀要剐随便，就别废话了！”王阳明于是说：“那好，今天就不审了。不过，天气太热，你还是把外衣脱了，我们随便聊聊。”大盗说：“脱就脱！”过了一会儿，王阳明又说：“天气实在是热，不如把内衣也脱了吧！”大盗仍然是不以为然的样子：“光着膀子也是经常的事，没什么大不了的。”又过了一会儿，王阳明又说：“膀子都光了，不如把内裤也脱了，一丝不挂岂不更自在？”大盗这回一点都不“豪爽”了，慌忙摆手说：“不方便，不方便！”王阳明说：“有何不方便？你死都不怕，还在乎一条内裤吗？看来你还是有廉耻之心的，是有良知的，你并非一无是处呀！” 大盗因此觉得自己良知尚存！所以，王阳明用其智慧让每个人找寻自己内心的良知，不断完善自我。

清朝名臣曾国藩的家书中有很多教导家人为人处世的内容，例如：“凡人做一事，便须全副精神注在此一事，首尾不懈，不可见异思迁，做这样，想那样，坐这山，望那山。人而无恒，终身一无所成。”教导做事要专注，持之以恒。“勤俭节约，未有不兴。骄奢倦怠，未有不败！”教导不能浪费，不能骄傲。如此这般的家风家训在中国历史上不胜枚举，几乎每个家族都有自己的家风家训。十年前的一次旅行，我去了安徽宏村，看到一家正堂对联上写道：“求名求利但求自己莫求人，惜衣惜食非为惜财源惜福。”在中国，塑造良好品格的观念通过家书、家训、对联、诗歌等彰显出来，无处不在。

到了近代，随着时代的快速发展，有些好的传统我们丢失了，所以现在回归传统文化，其中很重要的一个目的便是塑造良好品格。《弟子规》《了凡四训》等，都在告诉我们如何做人！希望新时代的青少年能够继承并且发扬我们的优良传统，修好品格，向世人彰显我们中华礼仪之邦的风范！

No.4

品格教育 全世界都不会忽视

西方国家同样十分重视品格教育，全世界都不会忽视品格教育！

孔子去世10年后，古希腊著名的思想家、哲学家苏格拉底诞生，他的思想传递给了他的学生柏拉图以及柏拉图的学生亚里士多德。苏格拉底整天到处找人谈话，讨论问题，探求对人最有用的真理和智慧。他喜欢在市场、运动场、街头等公众场合与各行各业的人谈论各种各样的问题，例如：什么是虔诚？什么是民主？什么是美德？什么是勇气？和孔子一样，苏格拉底非常注重启发式教育，通过启发让人们知道做人的道理，过有道德的生活。他把哲学定义为“爱智慧”。总结苏格拉底的哲学观点，有几个关键词：第一，爱；第二，伦理；第三，辩证，也就是对立统一；第四，真理。为

何在此谈及苏格拉底？因为其学说是西方哲学思想的重要起源，而品格的思维方式以及价值观的基础是哲学思想。

现在中国越来越多的学生走出国门，走向世界。有些家长问我出国学习好不好，对此，我的建议是，在孩子们出国学习之前，要塑造良好品格，否则在国外没有父母的教导更加容易出现问题，如果没有很好的价值观和自控能力则会犯错。这样的案例已经屡见不鲜！同样，希望走出国门的青少年，更要注重对自身品格的塑造！

说起西方的品格教育，宗教经典扮演了重要角色。这些宗教经典中有大量的篇幅教导人们如何做个好人。在参访美国和以色列期间，我的感受尤为强烈！在美国的课堂，特别是教会学校，随处可见基督教的相关内容，孩子们从小就开始阅读关于宗教的绘本故事。爱是基督教的主旋律，周末父母会带着孩子们到教堂做礼拜，听牧师神父们讲《圣经》的故事，同时忏悔自己做得不好的方面。在参访以色列期间，我感受到以色列父母对于孩子犯错的态度。他们常常对孩子说“失败是再正常不过的事情”，所以以色列的孩子敢于面对失败，也正因为不害怕失败，所以以色列人创新很多。这便是以色列父母给到孩子的价值观。在耶路撒冷哭墙下，会看到拉比（以色列宗教神职人员）带着自己的孩子研读《塔木德》。《塔木德》汇集了上千年来2000多名犹太学者对自己民族历史、文化和智慧的发掘、思考和提炼。其中有句话："人的眼睛是由黑、白两部分组成的，可是神为什么要让人只能通过黑的部分去看东西？因为人生必须通过黑暗，才能看到光明。"也许正是这样一句话，让犹太人经历了数千年的岁月变迁，经历了摩西时代，经历了"二战"时的大屠杀，依然能够绵延至今，涌现了众多诺贝尔奖获得者，还积累了大量财富。

西方真的很自由吗？其实不然！西方的自由是有前提的，那就是规则！美国老师告诉学生们要"look at the person"（注视他人），无论是与人交谈，还是请求帮助，或者是拒绝他人，只要和人讲话，都需要直视对方，这代表一种尊重。根据观察，西方是非常强调规则意识的，包括在人多的地方要排队，在行驶途中遇到行人让行人先行，坐电梯的时候靠右站立让出一条通道等。

在西方，品格教育也有衰败和兴旺的时候。以美国为例，在20世纪40年代，品格教育渐渐被人们忽略了，1930年到1940年《教育索引》中"品格"条目下的论文篇目下降了85%，反映了美国品格教育在20世纪40年代不断走向低谷的趋势。到了20世纪50年代，品格教育课程几乎从美国学校中完全消失了。到了20世纪80年代，美国的托马斯·里可纳提出了新品格教育，为的是解决当时严重的道德滑坡；美国政府也大力支持公立学校实施品格教育，致力于培养青少年的良好品格和公民美德。美国A. 威尔逊（Andrew Wilson）在《美国道德教育危机的教训》中这样写道："20世纪末，在美国学校道德教育的发展过程中，出现了一个值得注意的现象或教育运动，这就是传统品格教育的回归与兴盛。品格教育成为今日美国公共学校最具前瞻性和最流行的道德教育形式。"

关于国外的品格教育内容，如果展开来说，篇幅上不允许。我个人觉得品格不分国界，只要是对我们幸福有帮助的，都应当借鉴！在德国游学时，导游吴老师和我们分享了什么是西方的贵族精神，他说："贵族不是拥有多少财富，而是一种精神，总结为四句话：根植于内心的修养，无须提醒的自觉，以约束为前提的自由，为别人着想的善良。"

No.5 时代呼唤品格教育！

2014年五四青年节，习近平主席来到北京大学考察时强调，青年的价值取向决定了未来整个社会的价值取向，而青年又处在价值观形成和确立的时期，抓好这一时期的价值观养成十分重要。这就像穿衣服扣扣子一样，如果第一粒扣子扣错了，剩余的扣子都会扣错。人生的扣子从一开始就要扣好。

当前我们身处实现“两个一百年”奋斗目标的关键一程，教育者要引导青少年一代设定自己之于国家、民族的价值坐标，走好新一代人的长征路，让广大青少年学生既有真才实学，又不断增进个人道德修养、社会担当、家国情怀。这样才能有益于国家，有益于社会，有益于个人，才能为中华民族伟大复兴提供强大的人才保障。

党的十八大报告首次将“立德树人”确立为教育的根本任

务，党的十九大报告进一步指出，要“落实立德树人根本任务”，“培养德智体美全面发展的社会主义建设者和接班人”。

党的十八大以来，习近平总书记多次走进大中小学，多次给学校和师生们致信，勉励大家发奋图强、不负韶光——

在给身患白血病仍坚守岗位的女大学生村干部张广秀的信中，习近平总书记希望所有大学生村干部热爱基层、扎根基层，增长见识、增长才干，促农村发展，让农民受益，让青春无悔。

在给中央民族大学附属中学学生的信中，习近平总书记希望同学们珍惜美好时光，砥砺品德，陶冶情操，刻苦学习，全面发展，掌握真才实学。

在给华中农业大学“本禹志愿服务队”的信中，习近平总书记希望青年一代弘扬奉献、友爱、互助、进步的志愿精神，坚持与祖国同行、为人民奉献。

……

当今时代是中国从鸦片战争以来最好的时代。战争留下的满目疮痍已不见，中国的经济腾飞带来高楼林立，而当下的中国响起了实现“中国梦”“人类命运共同体”的时代强音，而如何让我们国家因为我们每个人的存在，特别是青少年的存在，而变得越来越好，这既是作为教育者要思考和践行的，也是我们每个人需要思考和践行的，因为我们每个人都是这个国家的一份子。如果每个人都拥有了良好的品格，国家必然拥有强大的文明。

青少年品格教育的目的，不仅是要青少年做个好人，更要做个有理想的人、有责任感的人！我们个人的命运和祖国的未来甚至和人类的未来密不可分。回顾历史，那些能够做出杰出贡献的人，他们都拥有着高尚的品格。中华人民共和国成立后，科学家钱学森满怀一颗爱国之心，克服重重困难，从美国回国，参与了原子弹的研发；数学家华罗庚也是在新中国成立后，放弃了国外优厚的条件，选择回国，虽然因小时候染上伤寒产生的后遗症导致终生需要使用拐杖，但他凭借着爱国的热情和不屈不挠的精神成为享誉世界的数学大师；石油工人王进喜从小受尽苦难，为了活命，6 岁的王进喜用一根棍子领着双目失明的父亲沿街乞讨，凭借着这样一份自幼苦中历练的精神，成为家喻户晓的石油勘探专家“铁人王进喜”，受到毛主席、周总理接见；著名企业家任正非在被骗200万元的情况下，白手起家，带着满满的爱国情怀，为公司起名“华为”，经过 30 多年不懈奋斗，将其发展成为影响世界的大公司。

新时代的中国正在蓬勃发展，同样也面临很多的危机，需要更多有品格、有能力的人担当起祖国发展的大业，而青少年必然是中国发展的重要力量。“青年兴则国家兴，青年强则国家强。青年一代有理想，有本领，有担当，国家就有前途，民族就有希望”。

随着科技的发展，未来的时代将发生日新月异的变化，核技术、太空技术、生物技术、人工智能等都将迅猛发展。科技越发达，就越要注重青少年品格教育，因为如果一个人掌握了很强的科技却在品格上出了问题，很可能会造成巨大的灾难！

当然，目前来说，青少年品格塑造还有很长的路要走。改革开放后，我国经济高速发展，对于物质和金钱，人们越来越崇尚，甚至形成了“拜金主义”。在这样的大环境下，不少青少年对金钱和财富形成了错误的认知，有的认为有了钱就可以为所欲为，有的则因为家里面有钱而肆意挥霍。随着互联网的发展，包括网络暴力在内的一些内容很容易侵害青少年的身心，特别是网络游戏的设计吸引了青少年的兴趣，同时满足了一些青少年在游戏中获得成就感的需求，让他们深陷其中。中国不少父母忙于工作而缺少对孩子的陪伴，很多孩子更是成了留守儿童，孩子的情感、安全感、价值观等方面便有不少缺失。再加之不少父母望子成龙心切，过分关注孩子的成绩，在教育中急功近利，给孩子的成长带来了很多的压力。同时父母总是对孩子进行比较，破坏了一些孩子的积极性，同时也让很多孩子丧失信心，产生巨大的挫折感。另外，20 世纪 80 年代起实行的计划生育政策，让很多独生子女家庭对孩子过于溺爱。溺爱中长大的孩子衣来伸手，饭来张口，觉得所有的得到都是理所应当的，从而缺乏感恩之心。这些问题的解决，需要通过品格教育来实现！

为了新时代的发展，为了当下问题的解决，时代呼唤品格教育！

No.6 什么影响着一个人的品格？

什么影响着一个人的品格呢？

答案是复杂的，因为教育的本身就是复杂的，所以我在这儿只能举一些例子，以引发我们的思考。

一、家庭教育（父母和长辈对于孩子的影响）

我曾写了本书，叫作《微教育》，为什么起名“微教育”呢？因为教育在细微之处，特别是与孩子亲密接触的人，一言一行都会对孩子影响深远！孩子的价值观是如何形成呢？举个例子：一位老人在路边乞讨。一个妈妈对孩子说“你如果不好好学习，长大就会变成这样”。通过吓唬的方式让孩子学习，但是没有培养孩子的同情心。另外一个妈妈则跟孩子说“你要好好学习，长大多帮助有困难的人”，同时给孩子一元钱让孩子递给老人。这个妈妈就培养了孩子的责任感，同时让孩子富有爱心。我们不能用绝对的方式判定谁对谁错，因为教育是一种选择，不同的选择会产生不同的结果。所以，如果需要孩子提升品格，家长首先要不断成长自己，提升自我的品格。家长经常会带着孩子一起外出聚餐，餐桌上经常讨论的话题也会塑造孩子的品格。如果大家都抱怨，孩子也学会了抱怨；如果家长富有正能量地去创造，孩子也拥有了创造的品格。所以，家长对孩子品格的影响无处不在！

二、老师

在新西兰访问期间，我发现当地学校每个班级主要由一位教师任教，这位教师需要给学生安排语言、数学、科学、体育等课程，同时将品格教育贯穿在所有的课程里面进行传递。我当时感到很奇怪，只有一位老师，能教得专业吗？后来在与校长和几位老师交流后，我了解了他们这样做的意义。他们是把“育人”放在了首位，然后才是“授业”。因为这位老师和学生接触的时间足够多，所以与学生更加亲近，也更加了解每个学生。他们在布置作业的时候内容也是丰富的，例如，让学生自己制订课堂的规则，让学生分组团队合作，等等。我在这所学校老师的脸上看到最多的就是微笑，同时这所学校的学生也是阳光灿烂的！所以，老师的言行会对学生的品格产生影响！

就拿我自己举例吧！在我上初中时，因为我的成绩好，班主任陆老师总是让我帮助班里成绩较差的同学，他告诉我，一个人要想有所成就，除了自己好之外，更重要的是带着大家一起好。后来我帮助的对象成绩进步了一点点，同时我的成绩也因为帮助他而突飞猛进。我刚进高中时，在第一次新生大会上，校长说了一句话让我铭记至今，她说：“也许我们不能改变天气，但是我们可以变换心情；也许我们不能把握别人，但是我们可以掌握自己；也许我们不能事事成功，但是我们一定要件件尽力。”所以，老师对学生品格的影响也无处不在！

三、圈子

每个人都会拥有自己的圈子，工作圈子、学习圈子和其他各种类型的圈子，我们每个人都会或多或少地受到身边这些圈子的影响。“如果你想成为什么样的人，就先和什么样的人在一起。”我曾将这句话作为大学寄语写给我的一位学生。

我曾经接触过一个小伙子，他人很善良，却因为犯罪接受过两年的劳动改造。怎么回事？原来他曾经因为家庭教育的缺失而得不到温暖，和父母吵架后在社会上认识了一些人。这些人带他吃好的，还带他唱歌……缺少温暖的他感受到了来自这些朋友的温暖。后来，这些人常常聚集在一起，给别人看场子，参与赌博等违法犯罪活动，他也参与其中，所以最终受到了法律的制裁。在和我的交流中，他表示很后悔当时的选择。所以，我们选择圈子的时候，要和正能量的人在一起。我有一个朋友，他经常参加包括在职 MBA 在内的各种学习。十多年间他都没有间断过学习，我问他为何能这样，他说因为能学到东西丰富人生，关键是还结识了很多爱学习的朋友，给了他很多智慧和帮助。

四、社会

每个社会都有其共同或趋同的价值观。比如，日本普通民众价值观中有着“不给别人添麻烦”的习惯。我带学生去日本的时候，发现日本国内秩序井然，在公共场合如果需要接电话，这个人会背朝着大家并且声音非常轻。在整条大街上都看不到垃圾箱，因为每个人都把垃圾带回家进行垃圾分类。两个人如果面对面行走，就都会侧身方便对方通过。我们在日本待了几天之后，不知不觉地也形成了相应的习惯。这便是社会的影响。

日本人的这种文明实则与中国密不可分，鉴真东渡将中华文明带到了日本。而中国自古便是礼仪之邦，十分讲究礼仪，只是随着近代经济的高速发展，在价值观传递方面过度强调金钱的重要性，遗失了一些很好的传统文化。同时，随着现代媒体和互联网的兴起，一些网络垃圾腐蚀着孩子们。另外，一些娱乐节目为了提升收视率，节目内容不够健康。所有这些对青少年的品格教育都有影响。

好在近些年国家倡导社会主义核心价值观，同时大力弘扬优秀传统文化，提倡注重家庭、注重家教、注重家风等，实施了一系列整治社会腐败风气、打击黑恶势力、惩治贪腐行为等政策，我们的社会风气因此变得越来越好。与此同时，国家也更加注重生态环境建设，人在美好的环境中也更加容易变得美好！所以，社会的教育很重要！

五、事件

某些事情的发生会对个人的品格有很大的影响。一个人因为从小目睹父母彼此之间的家暴，有了自残的行为；一个人因为得到了另一个人的帮助而感恩，从此愿意把这份爱传递下去，帮助别人；一个人因为参加了一次学习，找到了如何更加幸福生活的方法，从此人生被改变；一个人在绝望的时候，因为另一个人对他伸出了援助之手，从而走出了困境；一个人也许遭遇了一次生死经历后幸运而生，从此更加豁达地面对人生。

六、自己

品格的形成有很多的偶然性，所以难以说一定是什么让我们拥有了现在的品格。可有一点是肯定的，品格教育的核心要素是我们自己！因为外在的事情我们常常无法改变，我们真正能够把握的始终是自己。所以，影响品格最重要的因素还是我们自己。在本书的第三章，我们将通过对“48 颗品格的种子”的探讨，一起来塑造自己良好的品格，从而收获更加幸福的人生。

No.7

如何进行青少年品格教育？

针对当下中国品格教育的情况，我们该如何塑造青少年的品格呢？

第一，品格教育的第一对象，不是孩子，而是父母，或者更全面地说，是所有的教育者。前面谈到了父母、老师以及社会对孩子品格的影响，所以教育者要注重自身的学习和提升。在我们的品格教育课程中，有不少内容是针对父母的。一方面是希望父母给孩子多些鼓励，少些指责。这样会让孩子收获自信和尊重。另一方面是帮助父母和孩子重新构建亲子关系，因为当下很多家庭的亲子关系出现了问题。一旦亲子关系有了裂痕，父母说得再正确再有道理，孩子也听不进去。所以，希望所有父母和教育者都可以多参加相关的学习。

第二，品格教育不是知识，不是重在“教”，而是重在“育”。

我们传递给孩子的知识够多了，好比一辆货车，给车上装满货后，我们还要往油箱里面加油。这个“油”便是品格教育，即给予孩子正确的思维方式，帮助他们树立人生梦想。有些父母说，我是这么干的，可是没有效果！很多父母喜欢通过说教的方式来实施品格教育，不断地对孩子讲一堆道理，不管孩子是否能够接受，只顾着自己说。“育人”应当建立在了解对方的基础上，我们要多和孩子平等交流，多倾听和引导，还可以与孩子展开讨论，让孩子成为学习的主体，潜移默化、循序渐进地达到塑造品格的效果。例如：有个孩子在学校被老师冤枉了，告诉父母，父母听到以后没有立刻站在孩子的角度考虑问题，而是说了一些类似孩子要有博大胸怀的大道理。父母这样做，孩子其实很难听进去，还会觉得父母不理解自己、不爱自己。假设换个方式，当孩子说了事情原委之后，父母能和孩子有同理心，感受孩子的感受，先让孩子说出自己内心真实的声音，然后逐步引导孩子，或者和他一起上网找些同样的问题，看看大家是如何解决的，最终让孩子自己得出最好的解决方案。这样的处理方式，不仅可以缓解孩子和老师之间的关系，同时也可以拉近亲子之间的关系，还可以帮助孩子学习正确处理问题的方式。

第三，品格教育不能光“说”不“练”。不少孩子说起品格来，一套一套的，但是良好的品格比拼的不是口才，而是在真实环境中的表现。所以当孩子经历委屈的时候，如果孩子并没有向父母求助，父母不用立刻就去帮助，可以给孩子一些时间自己处理。这样的经历能够扩大孩子的胸怀。在品格教育中，我们会让孩子们参与到各种游戏互动中。例如：我们安排两组学生一起拔河，大家在用尽全力之后总有一方会输，输掉的一方往往心生怨气，常常指责不公平。这时候我们便问大家“是输赢重要？还是快乐重要”，然后让赢的一方把绳子放下，刚才输的一方独自拉绳子，大家虽觉得很轻松却没有刚才那么快乐。

可见，很多快乐其实是竞争对手带给我们的，因此我们要感谢竞争对手，而不应总是抱怨甚至诋毁他们。

这样的互动非常多。我发现当孩子们进行了一次次的体验后，他们总能总结出很多金句。这些句子不是从他们大脑出来的，而是从他们内心出来的。所以，多带孩子去经历，如走走玄奘之路、爬爬山、去福利院做些慰问等，相信经历能够带来智慧。

第四，品格教育不能只在本地，要多走出去看看。一个人需要有知识，更需要有见识。我有位朋友，现在生意做得很成功。我问他成功的秘诀，他说了几个原因，其中有一点和他从小的经历有关。因为他爸爸当年在供销社工作，经常带着他一起往上海跑，所以他的见识比当时只在村子里面的孩子多了许多，内心的自信和勇气也因为见识而有所提升。我问家长，孩子是应该穷养还是富养，家长回答不一。我个人建议是多维度养，高档酒店要去住，贫困山区也带着孩子去感受，要多出去走走，因为不同的见识可以扩大孩子的内在空间。我们每年都会组织海外游学活动，去过美国的华尔街感受金融的繁华，去过德国的宝马工厂感受精密的制造，去过英国的大英博物馆感受世界文明的璀璨，去过新西兰的皇后镇体验蹦极的刺激。一路走一路感受，同行的孩子们看到了更加广博的世界，不仅学习了这些国家人民的优良品格，同时也树立了走向世界的梦想。回来后很多家长都和我反映孩子的学业突飞猛进。为何？因为一个为自己未来拼搏的人，一定会从现在开始努力！

第五，品格教育在一切地方。我在《微教育》一书中说过，教育在细微之处，人人是老师，事事是教案，处处是学校。所以，品格的塑造也是在一切的地方。我们可以运用各种丰富的资源来进行品格教育：可以运用短视频做教学，记得我们看关于尼克·胡哲（澳大利亚励志演讲家）的视频的时候，孩子们看到一个没有四肢的人可以活出如此精彩的人生，当时就被震撼了；可以带着孩子一起读绘本，有一本叫作《爱心树》的绘本，讲述的是一棵树对于孩子无私的爱，我们带着孩子们朗读的时候，孩子们眼中噙着泪水，懂得了孝顺；还可以带着孩子去观察大自然，森林中有着各种各样的植物，植物之间不攀比，都活出自己的生命力，告诉我们做好自己就好，不要总是和他人比较。

本书作者朱晓平的另一本著作《微教育》

所以，品格教育的方式很多，在言传身教里，在沟通交流里，在答疑解惑里，在亲子阅读里，在社会实践里，在游学走访里，在电影电视里。只要用心，处处都存在品格教育。

第2章

解读 9位名人背后的品格

为何先来解读名人品格

为何先来解读名人品格呢？

因为人生中有因果！我希望通过对名人的解读，让大家了解品格对一个人人生的巨大影响！因为品格无形，往往容易被人们忽略，所以我想通过对名人品格的解读让无形的品格更容易被人们感知。因为品格更多在内心，可一个人外在的呈现又源自内在，所以可以通过名人外在的呈现来感受他们的内心，同时也觉察我们自己的内心。

读名人传记，不是羡慕他们的精彩人生，而是通过品读他们的人生来找寻规律，继而指导自己的生活。名人并不是天生的，他们也都是从幼年走向青年再走向老年的。在这段生命旅程中，他们凭借着勇气、担当、爱心、利他、坚忍等良好的品格，逐步开拓了自己的精彩人生。他们之所以享有盛名，不仅仅因为他们自身人生的丰富，更因为他们的存在让身边很多人受益，让这个世界更美好。

限于篇幅，本章只选择了我熟悉的一些名人，对他们的品格加以品读。

这本书是写给青少年朋友及其家长的。我相信，在阅读本书的读者中，也一定存在名人，即使现在没有，日后也会出现。因为所有的名人在青少年时代也都是普通人，他们也是经过不断努力，才有了名人的人生。当下的青少年朋友与之相比，缺少的只是时间和磨炼。我坚信，随着时间的推移，拥有了名人品格的“因”的青少年朋友，也可以拥有品格的“果”。

No.1

孔子——坎坷童年，仁礼天下

孔子（公元前551年9月28日—公元前479年4月11日），我国春秋时期著名的思想家、教育家。儒家学派的开创者，他被后世称为“万世师表”。他创办的私学规模最大，影响最深，在中国教育史上占有重要地位。

关于孔子的故事有很多，我们今天说说孔子的青少年时代。

孔子虽为贵族之后，但是他的父亲叔梁纥在他 3 岁的时候便去世了，母亲颜徵在带着孔子住到了曲阜阙里，这在当时算是一个贫民窟。孔母一边给人家做些简单的家务（缝洗衣服），一边照顾年幼的孔子。由于颜徵在自己在母家受到了良好的教育，所以孔子的品格受到其母亲的重要影响。孔子住的地方与宗府相距不远，每到祭礼的时候，颜徵在都会想办法让孔子前往参观，所以，孔子自小就对祭礼记得烂熟。受此影响，他常常利用一切可利用之物来模仿祭礼过家家，还模仿着上香、献爵、祭酒、行礼、读祝等。颜徵在还让儿子学习周朝的各种礼仪，以便将来从政治国，辅佐明君。孔子幼年的经历和阅历对其有深远影响，所以孔子在后来的讲学中经常强调“礼”，自身也非常守礼。

同时，懂事的孔子在学习、游玩之际，也常常去帮母亲做些他力所能及的事情。每当看到母亲回家时的疲惫身影，孔子总会很懂事地帮母亲做按摩、倒点水……孔子体会到了母亲的不易，他开始瞒着母亲去外面做事，争取替母亲分些负担。但是，一个七八岁的孩子，他又能做些什么呢？然而，在孔子眼里，只要能挣钱，只要自己能够干得动的，他从来都不挑活儿。他常想，肮脏和辛苦，这不是他这个穷苦家庭出身的孩子应该顾虑的。于是，年幼的孔子干起了其他孩子不愿意干的脏活和累活。每当其他孩子吃完饭外出玩耍嬉笑的时候，孔子正在别处忙碌着。当然，为了让母亲放心，他总会比母亲早些回家。所以，孔子在后来给自己的弟子讲自己年少时期事情的时候，每每感叹道："吾少也贱，故多能鄙事。"所以，孔子从小经历的磨难以及他的孝顺之心，培养了他的坚忍心性和承担责任的勇气。

就这样，孔子和母亲在曲阜生活了 14 年。年幼的孔子从母亲那儿学到了很多：最基本的礼节、如何做人、如何节俭等。当然，他自己也从多年的"打工"历练之中学到了很多：如何为人处世、平等、仁爱等。

然而，就在孔子感受着伟大的母爱的时候，病魔悄悄地找到了他的母亲。孔子 17 岁那年，母亲颜氏不幸离世，留下了年少的孔子一个人孤独地生活在这世界上。

母亲去世后，孔子面临着一个很棘手的问题：怎么埋葬母亲？有人说了，到埋葬他父亲的地方把两人合葬不就完了吗？是啊，孔子也知道。这些礼节方面的事情对孔子来说根本就不是问题。但问题是，孔子根本就不知道自己父亲埋葬的地方。这个棘手的问题让孔子煞是苦恼。询问当地人，没人知道，因为他是在父亲死后才搬过来的，当地人不可能知道。想去询问陬邑人，可是自己当时搬出来的时候才 3 岁，不可能记得小时候住哪儿，到处打听又不太现实。于是，无奈的孔子把母亲的灵柩停放在了一个大路口，他把希望寄托在了所有过路人的身上，希望有知情的好心人来帮助一下自己。

苍天不负有心人，陬人挽父的母亲听说了孔子的感人事迹，便亲自赶来告诉孔子他父亲当初的埋葬之地。原来，当时她的儿子挽父曾经参加了孔子之父叔梁纥的葬礼，知道他的埋葬之所。孔子这才得以把父母合葬在一起。整个安葬母亲的过程，都是孔子一个人在操办。

此后，孔子也遭遇了很多的世态炎凉，他面对屈辱的方式是，抓住一切可以利用的时间用来学习。孔子的学习范围极其广泛，包括礼仪、音乐、射箭、驾车、书法、数学、诗歌、历史等。

很快，孔子博学以及知礼的名声便传遍了整个曲阜地区。不久之后，孔子迎来了自己的第一批学生，也是他一生之中唯一的高级贵族学生孟懿子和他的弟弟南宫敬叔。孔子后来的人生更加跌宕起伏，精彩纷呈，因为篇幅有限，在此不描述，大家有兴趣的可以买本孔子的传记来读一读。

作者说

为何选择孔子？因为孔子的思想影响了中国 2 500 多年，至今深深地融在我们中国人的血肉里面，而孔子的思想与他幼年和青年的经历以及母亲的教育有巨大的联系，与历史背景也有很大关系。所以，今天我们解读孔子青少年时期的故事，便是希望帮助读者拉近与圣人之间的距离，因为圣人也是从小慢慢长大的。

孔子的故事中有哪些品格的“因果”呢？

1．年幼丧父，生活在贫民区，却没有自暴自弃，没有丧失自信，而是更加坚强和有担当。

2．孝顺母亲，充满爱心，体谅到母亲的不容易，放弃玩耍时间来分担家庭重担。

3．遇到问题，不是逃避或者放弃，而是想办法解决，孑然一身依然从容面对。

4．热爱学习，谦虚博学，所以才能拥有更多的智慧为大家答疑解惑。

No.2

刘邦——心中是王，方可成王

汉太祖高皇帝刘邦（公元前 256 年 12 月 28 日—公元前 195 年 6 月 1 日），是大汉王朝的开国皇帝，也是中国历史上一位出身低微的皇帝。

汉高祖刘邦是中国历史上颇具传奇色彩的皇帝之一，“草根也能当皇上”的奇迹，就是从他开始的。在他之前的历代君王们，无一例外地拥有着显赫的家世背景，那些为人熟知的霸主、国君均是如此。显然，刘邦并不具备这样优越的先天条件，他的“职业生涯”最开始只是秦帝国的一名基层小吏（亭长）而已，后来又误打误撞地成了一名在逃犯。可就是这样一个人，却只用了短短 7 年时间就“折腾”成了大汉帝国的开国皇帝，为何？

首先，刘邦性格豪爽，对人很宽容。他不喜欢下地劳动，所以常被父亲训斥为“无赖”，说他不如自己的哥哥会经营。但刘邦依然我行我素，他总是带着身边的朋友吃喝，还经常到兄嫂家蹭饭，真的是“游手好闲”。可刘邦身上有种游侠的气质，身边总是聚集着一些后来给了他巨大帮助的人。这提醒我们，调皮、不服从管理的孩子，未必不是一个天生英才。我们对每个孩子都要充满希望，相信他有无限的可能性。

其次，刘邦胸怀大志。尽管年轻时一事无成，但他内心的志向一直在蠢蠢欲动。在一次送服役的人去咸阳的路上，碰到秦始皇大队人马出巡，远远看去，秦始皇坐在装饰精美华丽的车上威风八面，羡慕得刘邦脱口而出：“大丈夫就应该像这样啊！”同时，他也有自己的偶像，他最崇拜、最想效仿的英雄人物就是“战国四公子”之一的信陵君。刘邦最喜欢的是信陵君的侠义精神与爱惜人才、广纳人才的领袖魅力。在他的潜意识里，他无疑自比为信陵君，而把自己身边的朋友比作侯嬴与朱亥那样的护主忠臣。在刘邦成为大汉王朝的皇帝后，每次到大梁，他都不忘去信陵君的墓前拜祭。刘邦特别为信陵君墓设有五户守坟人，世世代代奉祀不绝，以表达自己对信陵君的尊重与追思。

最后，刘邦顺应了历史的潮流，懂得运用身边人的才华，并且能够做到虚心纳谏。帮助刘邦争霸天下的大功臣有三个，他们分别是韩信、张良、萧何，没有这三人，刘邦难以得到天下。比起项羽，刘邦最大的能力就是善于用人，他能让自己身边的人都发挥最大的作用。刘邦是有自知之明的人，他知道自己的才能比不上身边的那些人才，同时，他知道把这些人才放到什么样的岗位上才能发挥他们的最大价值。这就是知人善任。所以《韩非子·八经》中说：“下君尽己之能，中君尽人之力，上君尽人之智。”

作者说

是否选择刘邦来解读让我纠结了好久，因为按照我们当下大多数父母的标准，刘邦是个逆子，是个“小混混”。可是教育应该更加真实，而不是只说好的，把所有不好的都粉饰掉，然后留下一个虚假的面具。没有人是完美的，刘邦的桀骜不驯背后有他非同寻常的思维方式和鸿鹄之志。同时，希望读到此处的青少年，要辩证地看待刘邦，重点是学习刘邦身上优良的品格，其不好的品行不要学习，因为我们对待“王者”也要进行批判性学习，而不是给自己的不良行为找借口。

刘邦的故事中有哪些品格的“因果”呢？

1. 不拘小节，豪气仗义，对人宽容，让其拥有很好的人脉。

2. 胸怀大志，不因自己的出身而小看自己，拥有很强的自信与气概。

3. 知人善任，能用人之长，容人之短，不强调个人英雄主义。

No.3

牛顿——热爱学习，发现规律

牛顿（1643 年 1 月 4 日—1727 年 3 月 31 日），英国皇家学会会长，英国著名的物理学家，百科全书式的“全才”。

牛顿是一个早产儿，出生时只有约 1.36 千克，不到 3 斤重，让人担心他能否活下来。牛顿出生前 3 个月父亲便去世了，在他 2 岁时，母亲改嫁。从此牛顿便由外祖母抚养。大约从 5 岁开始，牛顿被送到公立学校读书。11 岁时，母亲的第二任丈夫去世，牛顿才得以回到母亲身边。12 岁时进入中学。少年时的牛顿并不是神童，他资质平常，成绩一般，但他喜欢读书，喜欢看一些介绍各种简单机械模型制作方法的读物，一有时间，就自己动手制作如风车、木钟、折叠式提灯之类的小玩意。他还制造了一个小水钟，每天早晨，小水钟会自动滴水到他的脸上，催他起床。

后来，迫于生活压力，母亲让牛顿停学在家务农。但牛顿对务农并不感兴趣，一有机会便埋首书卷。每次母亲叫他同佣人一道上市场去熟悉做交易的生意经时，他便恳求佣人一个人上街，自己则躲在树丛后看书。有一次，牛顿的舅父起了疑心，就跟踪牛顿上市镇去。他发现他的外甥躺在草地上，正在聚精会神地钻研一个数学问题。牛顿的好学精神感动了舅父，于是舅父劝服了牛顿的母亲让牛顿复学。牛顿重新回到了学校，如饥似渴地汲取着书本上的营养。

牛顿 19 岁时进入剑桥大学，成为三一学院的减费生，靠为学院做杂务的收入支付学费。当时，牛顿开始接触到大量自然科学著作。牛顿在数学上很大程度是依靠自学。他学习了欧几里得、笛卡儿、沃利斯、巴罗以及韦达等许多数学家的著作。因为热爱学习，牛顿得到了著名学者伊萨克·巴罗教授的亲传。教授将自己的数学知识，包括计算曲线图形面积的方法，全部传授给牛顿，并把牛顿引向了近代自然科学的研究领域。

正当牛顿准备留校继续深造时，严重的鼠疫席卷了英国，剑桥大学因此而关闭，牛顿离校返乡。家乡安静的环境使得他的思想展翅飞翔，以整个宇宙作为其樊篱。这短暂的时光成为牛顿科学生涯中的黄金岁月，他的三大成就——微积分、万有引力定律、光学分析的思想就是在这时孕育成形的，而后开启了他的精彩人生。

作者说

为何选择牛顿？因为牛顿为人类社会的发展做出了杰出贡献，是杰出的科学家代表。也因为其在数学、物理学等方面的造诣，为后来的工业革命造了一把“钥匙”。牛顿的童年时光与孔子一样，很不幸，但是他没有抱怨命运不公，而是把他的精力投入学习中，在学习中找寻快乐。正是因为他这么热爱学习，才感动了舅父，感动了教授，所以大家给了他巨大帮助，让其掌握可以推动人类进步的知识，最终改变了整个世界！

牛顿的故事中有哪些品格的“因果”呢？

1. 热爱学习，把学习当作自己的事情，而不是当作父母和老师的事情。

2. 学以致用，不仅学习书本上的知识，更是把知识拿来实践，充满好奇心，积极创造发明。

3. 在困难面前做有意义的事情。无论是父亲的离世还是缺乏母亲的陪伴，或者是英国发生瘟疫，牛顿都没有因此而浪费自己的时间，而是静下心来做能做的事情，充分利用时间学习和探究自然规律。

No.4

林肯——不惧失败，绝地重生

亚伯拉罕·林肯（1809年2月12日—1865年4月15日），美国政治家、战略家，美国黑人奴隶制的废除者，美国第十六任总统。

林肯出生在一个贫苦家庭，用他自己的话说，他的童年是“一部贫穷的简明编年史”。纵观林肯的一生，虽由无数的失败组成，却铸就了最终的辉煌：7岁，父亲官司败诉，放弃土地开始外出打工；9岁，丧母；22岁，初次经商失败；23岁，竞选州议员落选；24岁，向朋友贷款再次经商，再次破产；25岁，再次竞选州议员终于成功；26岁，即将结婚前，最心爱的人死去；27岁，卧病半年；29岁，争取担任州议员发言人失败；31岁，争取成为选举人失败；34岁，参加国会大选落选；37岁，再次参加国会大选终于当选；39岁，寻求国会议员连任失败；45岁，竞选参议员落选；47岁，争取共和党副总统提名失败；49岁，再次竞选参议员又落选；51岁，当选美国总统！一次次的磨难，并没有让林肯内心脆弱，却使他内心更加坚强，所以他才能在面对接下来的奴隶制改革时不屈不挠。

1831年6月的一天，美国南方城市新奥尔良的奴隶拍卖市场上，亚伯拉罕·林肯看着一排排黑人奴隶戴着脚镣手铐站在那里，他们都被一根根粗壮的绳子串在一起。奴隶主们走了过来，像买骡子买马一样仔细打量他们，不时还走上前摸摸他们的胳膊，拍拍他们的大腿，看他们是不是长得结实，肌肉是不是发达，将来干活有没有力气。奴隶主们用皮鞭毒打黑奴，还用烧红的铁条烙他们。林肯看到这一幕说：

“太可耻了！等哪一天我有了机会，一定要把这奴隶制彻底废除。”后来他当上了美国总统，真的实现了这个伟大的抱负。他一直把废除奴隶制当作自己义不容辞的责任，可这个过程并非一帆风顺。要知道废除奴隶制并不是一件容易的事，在林肯之前有很多人尝试过，像杰斐逊（美利坚合众国第三任总统）和约翰·布朗（美国废奴主义者）等都失败了。当时南方奴隶主势力庞大，最终林肯运用他的智慧和勇气完成了这一历史使命。1862 年 9 月 22 日，林肯发表《解放黑人奴隶宣言》，宣布自 1863 年 1 月 1 日起废除叛乱各州的奴隶制，奴隶将成为自由人。

1865 年 4 月 14 日晚，林肯在华盛顿福特剧院观看《我们的美国亲戚》时，被演员约翰·布斯刺杀，次日清晨逝世。林肯的不幸逝世引起了国内外的巨大震动，美国人民深切哀悼他，有 700 多万人停立在道路两旁向出殡的行列致哀，有 150 万人瞻仰了林肯的遗容。

作者说

为何选择林肯？因为林肯改变了美国黑人奴隶的命运，他把爱化成了力量，敢于面对并富有智慧，解放了黑人奴隶。我去过华盛顿两次，两次都去了林肯纪念堂。肃穆的林肯塑像前，来悼念的人络绎不绝。如果一个人能让很多人的生命变得更美好，这个人便值得被人们铭记并敬仰。同时，林肯拥有一颗坚韧的心，经历无数次失败都没有倒下，反而更加坚强。这值得当下的青少年学习。

林肯的故事中有哪些品格的“因果”呢？

1. 林肯经历失败与磨难，虽然心很受伤、绝望，但仍然在绝望中找寻希望并最终成功。

2. 心中有爱，林肯看到黑人奴隶的痛苦，内心怀有愤怒继而转化为责任，这便是慈悲的爱。

3. 虽然遇刺，但是他感动了美国和世界，那么多人为他送行，至今他依然受到世人的敬仰。他无私的心和勇敢的行为，最终让他的精神长存于世。

No.5

特蕾莎修女——心怀苍生，大爱无疆

特蕾莎修女（1910年8月27日—1997年9月5日），又称作德兰修女，是世界著名的天主教慈善工作者，主要替印度的穷人服务。因其一生致力于消除贫困，于1979年获得诺贝尔和平奖。

特蕾莎修女出生在阿尔巴尼亚的一个天主教家庭，父亲是一名普通的建筑商，母亲是个极有爱心和同情心的妇女。在母亲的引导下，特蕾莎从小就知道关心穷苦的人，她从不让上门乞讨的人空手而归。有一年圣诞节即将到来的时候，父亲问她想要什么圣诞礼物，年幼的特蕾莎说："爸爸，我不要别的礼物，你能给我医治好贫穷的药吗？"由此可见年幼的特蕾莎心中的爱。

12 岁时，她加入一个儿童慈善会，那时她就感到自己未来的使命就是要为穷苦人奉献。18 岁的特蕾莎修女来到一个遥远而陌生的国家——印度。她之所以选择去印度，是因为印度是当时世界上最贫穷的地方，仅加尔各答一个城市，在街头流浪的人就有 50 多万人，每天有无数人死在街头，千百万的儿童遭受饥饿，营养不良。她在印度加尔各答建立"垂死者之家"。她自己都还没有固定的地方住，但是她每天做的事情，就是推着小车，在垃圾堆里，在水沟里，在教堂门口，去捡回那些奄奄一息的病人、被遗弃的婴孩、垂死的老人，然后到处去找吃的给他们吃，找药给他们治病，求医生来帮忙……其中有位老人，在搬来的那天傍晚就断了气，临死前，他拉着特蕾莎的手，用孟加拉语低声说："我一生都活得像条狗，而现在死的时候像个人，谢谢了。"

她的爱没有分别心，不分种族和国界，救的人里面大多数是和她信仰不同的人，她尊重他们，按照他们的宗教信仰和风俗习惯给他们处理后事。

特蕾莎修女在印度时平常都光着脚，人家就问她："特蕾莎修女，你怎么不穿鞋啊？"她说："我服务的印度大众都太穷苦了，他们很多人都没有鞋穿，我如果穿上鞋，就跟他们的距离差得太远了。"

与政治领袖做出的那些轰轰烈烈的大事相比，特蕾莎修女所做的事可能算不上是什么大事业，有很多事在我们看来都是些琐碎的小事。但是修女有句名言："We can do no great things, only small things with great love."中文意思是：我们所能做的不是大事，而是心怀大爱做小事。

南斯拉夫爆发科索沃内战，特蕾莎修女找到负责战争的指挥官，说战区里面那些可怜的女人跟小孩儿都逃不出来。指挥官跟她这样讲："修女啊，我们想停火，可是对方不停啊，没办法。"特蕾莎修女说："那么只好我去了！"于是她亲自走进了战区。一听说特蕾莎修女在战区里面，双方立刻停火，后来她把一些可怜的女人跟小孩儿带出了战区。

1979 年，她被授予诺贝尔和平奖。特蕾莎修女一直是个很谦卑、很低调的人，淡泊名利，不愿成为公众关注的焦点。所以，一开始她拒绝接受这个奖。后来，她接受了，不是为她自己，而是要代表世界上的穷人、病人和孤独的人来接受这个奖。她穿着一件只值一美元的印度纱丽走上领奖台，不管是和总统会见还是服务穷人，她都穿着这件衣服，她没有别的衣服。她是那么瘦小，以至于大家即使使劲伸长脖子也只能看见一张布满皱纹、饱经沧桑的脸。在颁奖仪式上，按惯例要为贵宾举行一个晚宴，但当得知这一晚宴的高规格时，特蕾莎修女不禁黯然神伤，因为她又想到了她服务的穷人。她向主办方提出了真诚的要求：客人们能不能不享用这次盛宴，而把这次晚宴的钱连同诺贝尔奖奖金一起赠给她。因为这一顿价值 7 000 美元的豪华晚宴只能供 100 多人享用而已，如果把钱交给仁爱传教修女会使用的话，却可以让 1 500 名印度穷人吃一天饱饭。她的要求深深地打动了在场的来宾，大家一致同意取消那一年的晚宴。修女拿到了这笔钱，同时拿到的还有被她这句话感动之后的 40 万瑞币捐款。那个被所有人仰慕的诺贝尔奖奖牌也被她卖掉了，全部献给了穷人。对她来说，奖牌如果不变成钱为穷人服务，就一文不值。

特蕾莎修女很贫穷，一生过着苦行僧一般的生活。她住的地方，除了电灯外，唯一的电器就是一部电话。她不穿袜子。她平常吃的是盐拌米饭。她去世时个人的全部财产，就是一幅耶稣受难像、一双凉鞋和三件白色破旧的粗布纱丽。

特蕾莎修女很富有，她创建的仁爱传教修女会有 4 亿多美元的资产，世界上最有钱的公司都乐于资助她。她的组织有 7 000 多名义工，她与众多的总统、国王、传媒巨头都关系友好。

她看似贫穷，却很富足；看似一无所有，却样样都有。

作者说

为何选择特蕾莎修女？许多年前我读了关于特蕾莎修女的书——《在爱中行走》，被其故事深深地感动了，被她无私的爱感动了，好多次热泪盈眶。包括写这本书时对于她生平这段文字的整理，也让我再次被爱包围。那是一种无私的爱，心怀苍生的爱，没有边界的爱！仅仅这份爱，就值得我们好好反思：我们应该拥有怎样的爱、应该传播怎样的爱。

特蕾莎修女的故事中有哪些品格的“因果”呢？

1. 爱是世界上最伟大的力量。当一个人内心拥有无私的爱时，看似没有财富却处处都是财富。因为爱的富有才是最丰盛的财富。

2. 爱可以是润物细无声的小事，但若坚持不懈地累积点点滴滴的小事，将会成就轰轰烈烈的大事。

3. 爱可以实在，爱可以忘我，爱可以让世界和平，爱可以让诺贝尔奖更加有意义。希望我们一起传递爱，收获爱！

No.6

海伦·凯勒——身残志坚，活出精彩

海伦·凯勒（1880 年 6 月 27 日—1968 年 6 月 1 日），从小因病被夺去视力和听力，并因此影响语言功能。她身残志坚，成为美国著名的女作家、教育家、慈善家、社会活动家。

1882年2月的一天，不到2岁的海伦·凯勒突然病倒了，经诊断，她患上了猩红热，这种病很可能危及生命。经过一段时间的治疗，海伦·凯勒的生命保住了，但是她成了一个又盲又聋又哑的小姑娘。

一天天长大的海伦·凯勒很想走路，但是每当她迈开步子准备走的时候，却总是被碰得鼻青脸肿。妈妈便每天带着海伦·凯勒熟悉家里每一件家具所放的位置，一个月下来，海伦·凯勒便能在家里自如地走来走去了。5岁时，海伦·凯勒不仅能知道家里家具放的位置，而且她还知道自己每一件衣服所放的位置，因为她的衣服她都习惯地自己折叠好放好。海伦·凯勒是一个好强的孩子，尽管她不能看不能听也不能说，但是她渴望能跟人们交流，所以她常常用手势和父母亲交流。可是，有时父母不懂她的意思，好强的海伦·凯勒便伤心得大哭。

后来父母亲给海伦·凯勒请来了老师安妮·莎莉文小姐，这是影响海伦·凯勒一生的人。第一次见面，安妮·莎莉文便给海伦·凯勒带来了一个布娃娃，海伦·凯勒抱着布娃娃高兴极了，莎莉文把她的手拿过来，写了“娃娃”这个单词。但海伦·凯勒不明白是什么意思，莎莉文便不厌其烦一遍一遍地让她摸布娃娃，然后再在她的手心上写这个单词。在莎莉文教海伦·凯勒“水”这个词的时候，她也采取了这种方法。她先让海伦·凯勒的手摸着水，感觉水的样子，然后再在她的手心上写“水”这个单词，这时，海伦·凯勒终于明白了“水”这个单词的含义。后来，她拉着莎莉文让她拼写桌子、椅子、床、衣服等自己身边的每样物品。

莎莉文小姐认为，像海伦·凯勒这样的孩子是能够正常发音的，于是她便让海伦·凯勒用手摸着她的脸，让海伦·凯勒感觉她在说话时舌头和嘴以及脸部的运动，然后让海伦·凯勒模仿着她发音。经过莎莉文小姐的启发，海伦·凯勒开始学习说话。当然这对于一个 10 岁的孩子来说的确不是一件容易的事情，但海伦·凯勒经过每天的练习和坚持，最后终于能够完整地说话了。她为了能清楚地发音，用一根小绳系在一个金属棒上，叼在口中，另一端拿在手上，练习手口一心，写一个字，念一声。为了使写出来的字不至于歪歪扭扭，她还自制了一个木框，装配了一个滑轮练习写字。

海伦还把自己的学习分成四个步骤：1. 每天用 3 个小时自学；2. 用 2 个小时默记所学的知识；3. 再用 1 个小时将自己用 3 个小时所学的知识默写下来；4. 剩下的时间她运用学过的知识练习写作。在学习与记忆的过程中，她只有一个信念：她一定能够把自己所学的知识记下来，使自己成为一个有用的人。她每天坚持学习 10 个小时以上。经过长时间的刻苦学习，她掌握了大量的知识，能熟练地背诵大量的诗词和名著的精彩片段。到后来，一本 20 万字的书，她用 9 个小时就能读完，并能记忆下来。海伦的记忆力已经大大超过了普通人的正常水平。

1899 年 6 月 29 日，海伦考上了哈佛大学，这一消息震动了纽约。

在哈佛大学读书的一个博士生听到海伦·凯勒的事迹后，很不服气，决定要和她比试比试。在严格的时间规定和教员的监督之下，他们进行了3轮比赛，博士生输了。他摘下博士帽，恭恭敬敬地戴在海伦的头上，表示对她的敬佩与尊敬。经过学习，海伦突破了识字关、语言关、写作关，先后学会了英语、法语、德语、拉丁语、希腊语五种语言，出版了14部著作，海伦也因此而赢得了全世界的尊崇。

海伦·凯勒在《假如给我三天光明》中写道："当你为没有一双漂亮的鞋子而哭泣时，你该为你有一双可以穿鞋子的脚而感谢。"

作者说

为何选择海伦·凯勒？我从小便读了海伦·凯勒的《假如给我三天光明》，被她的精神震撼。试想，如果同样的事情发生在自己身上，我会有这样的勇气和毅力去面对吗？不仅仅是残障人士，我相信每个人都能从海伦·凯勒的事迹中受到鼓舞，相信无论命运如何，只要能用乐观的心态去面对，用积极的行动去创造，每个人都可以拥有一个与众不同的精彩人生。

海伦·凯勒的故事中有哪些品格的“因果”呢？

1. 有时候，命运是不公平的，每个人都要经历自己人生的坎坷。海伦·凯勒面对命运给她的巨大灾难，没有一蹶不振，而是满怀梦想，砥砺前行，终于收获了精彩的人生。

2. 感恩来到生命中的缘分。海伦·凯勒因为有了莎莉文老师不尽的陪伴和引导，才更好地活出了自己的人生，所以，每个人的精彩除了自己努力，还需要感谢所有帮助过自己的人。

3. 人的潜在能量会超出自己的想象。海伦·凯勒的故事给我们展示了人的潜在力量，她在困境中释放了自己的潜能。其实每个人都有这样的潜能，但需要靠坚持不懈、水滴石穿的精神才能得以释放。

No.7

稻盛和夫——了无私心，动机至善

稻盛和夫（1932年1月30日—2022年8月24日），世界著名实业家，创办了京瓷和第二电信（KDDI，其前身为DDI）两家世界500强公司，同时拯救了濒临破产的日本航空公司，出版了《活法》《干法》等一系列书籍。

稻盛和夫是当代著名的企业家，走近他是因为读了他写的书《活法》，书中的很多思想对我都产生了影响，例如，“人生·工作的结果＝思维方式 × 热情 × 能力”“人生的意义在于磨炼灵魂”“追求做人的正确准则就是成功的理由”。带着对稻盛先生的崇拜，我曾两次前往稻盛和夫创办的京瓷总部参观，第一次是带学生们去游学，第二次是带立智团队全体成员去学习。京瓷总部进门口的显著位置上写着“敬天爱人”四个字；在录像厅观看的录像中，“了无私心，动机至善”这八个字出现在最醒目的位置；在四楼展厅，“利他”的理念展现在大厅的中央。关于稻盛和夫为何能够有如此成就，在此无法一篇说完，我们重点谈稻盛和夫先生的“了无私心，动机至善”。

稻盛和夫的父母是虔诚的佛教信徒。6 岁的时候，稻盛和夫跟随父亲参与了“隐蔽念佛”，在进行了一些仪式之后，僧人告诉年幼的稻盛和夫，“从今天开始，你每天都要出声念诵‘南无、南无，谢谢！’以此来常怀感恩之心”，后来这也成为稻盛和夫 “心灵的口头禅”。

稻盛和夫六年级时患上了结核病，当时他已经有两个叔父和一个婶婶因染上结核病而先后过世，他在幼小的心灵里认定“自己马上也要死了”。恰巧在那时候，他阅读了《生命的真相》一书，在书中他第一次读到了“心念”，这个理论的核心是每个人内心的想法全部都会在现实世界中体现出来。于是他意识到正是自己心中的忧虑才给他带来了结核病。每当稻盛和夫从在家养病的叔父的房门口经过时，他都会捏着鼻子、屏住气息快速通过，就这样处处小心，他还是患上了结核病，而在病床旁无微不至地照顾着生病的叔父的父亲和不当一回事的哥哥却从来都没有被传染上。正是基于这种经历，稻盛和夫开始对“心念”产生了强烈的兴趣，并且时刻觉察自己的起心动念。

稻盛和夫读完大学进入社会后，接连遭遇了大学落榜、求职被拒的惨痛经历，人生可以说是充满了厄运。后来好不容易进入了京都一家生产陶瓷的企业，这家企业当时却背负赤字，濒临倒闭。那时的稻盛和夫心里充满了愤懑和不平，但后来他醒悟到“就算换工作也不一定能够找到好地方，所以也只能继续留在这家公司里努力工作了”，于是他就开始全身心地投入到工作中，他的人生也正是从那时开始才出现了转变。当他全身心地投入到了研究工作中后，优秀的成果也接踵而至。经过 4 年左右对精密陶瓷的刻苦研究，稻盛和夫终于选择独立创办了“京瓷”。这个例子也再一次证明了，只有通过改变“心念”才能改变我们的环境，让我们的人生出现转机。

“京瓷”取得成功后，稻盛和夫开始开拓通信事业。当时日本的通信事业几乎被 NTT（当时日本的国营电话运营公司）垄断，所以话费一直很高，稻盛和夫希望通过他的努力，降低国民话费。而通信对他而言，是完全未知的领域。然而，如果一味袖手旁观，降低国民通信费用的要求只能止于画饼充饥。在这种情况下，稻盛和夫明知自己犹如堂吉诃德，也要一试身手。虽然有了这个念头，他却没有立刻行动，因为他需要严格自问：在我的参与动机里有没有夹杂私心？为此，每晚临睡前，他都要自问："你参与通信事业，真的是为了国民的利益吗？没有夹杂为公司、为个人的私心吗？是不是想出风头、要引人注目呢？你的动机真的纯粹吗？没有一丝杂念吗？"

反复这样的自问，是不是"动机至善，私心了无"—— 一次又一次，不断扪心自问，借以审视自己动机的真假、善恶。这样，经过整整半年，稻盛和夫终于确信自己心中没有一丝一毫的杂念，这才着手设立DDI（即后来的KDDI）。同时，作为创业者，稻盛和夫本来可以获取最大的股份，实际上却连一股也没有。因为在DDI创业之初，他本人就下定决心，不掺杂任何私心。而后，经过多年，DDI终于成为可以和NTT抗衡的世界500强公司。

2010年1月，日本航空宣布破产，为了使日本航空得以重建，78岁的稻盛和夫答应了政府的再三请求，就任日本航空的董事长。尽管周围的人都强烈反对，稻盛和夫还是接受了这个艰巨的挑战。其原因是出于下面三项社会责任：一是防止二次破产对日本整体经济的恶劣影响；二是保住留任日航员工的工作；三是维护合理的竞争环境，确保国民的利益。而他个人答应出任的条件竟然是"零工资"，可见稻盛和夫的"了无私心，动机至善"。其结果是，此前一直亏损的日本航空公司，在重建开始后的第二年度就取得了1884亿日元的营业利润，变身为世界航空领域收益最高的企业。

稻盛和夫的发心感动了我们，而他自己也被"利他"之心感动。在他的《活法》一书中，他写到了这样一个故事。

稻盛和夫曾在寺庙进行了两个多月短期的修行。修行相当艰苦，但他却从中获得了毕生难忘的体验。初冬的寒风中，稻盛和夫光头戴着斗笠，身披蓝色袈裟，赤脚穿上草鞋，挨家挨户在施主门口诵经，恳求施舍。从未经历过的托钵化缘，对他来说是痛苦的煎熬。伸出草鞋的脚趾，让柏油路摩擦出了血，忍着疼痛走了半天，身体就像用旧的抹布一样，破碎萎缩。黄昏时分，拖着疲惫的身躯，步履蹒跚地走回寺院的途中，路经一个公园。这时，一位正在打扫公园、身穿工作服的老妇人看见了他，她一只手拿着扫把，跑着来到稻盛和夫的眼前，很自然地将500日元的硬币轻轻放进他的化缘袋中。那一瞬间，一种未曾体验过的感动贯穿了稻盛和夫的全身，心中充满了难以名状的幸福感。

这位妇人看上去不会是生活富裕的人，给一个修行僧500日元的施舍，却不见她有任何的犹豫，而且没有一丝的傲气。这样一颗美好的、纯净的心——把自己的事情搁在一边，先去关心别人，这种热心肠的流露，是稻盛和夫从未感受过的。那位妇人的行为虽然只是一件小事，却显示了人的思想行为中至善至美的一面。这种自然的德行，教稻盛和夫懂得了“利他”之心的精髓。

作者说

为何选择稻盛和夫？因为稻盛和夫的《活法》对我人生的思维方式产生了巨大的影响，特别是他的“利他”之心。利他成了我们立智团队的首要价值观。什么时候人的内心会充满纯净而极致的幸福感呢？绝不是私利、私欲获得满足的那一刻，而是利他行为开花结果的时刻。

利他不只对他人有利，最后福报也会回到自己身上。我希望所有青少年朋友可以深知“利他之心，私心了无，动机至善”的价值所在。

稻盛和夫的故事中有哪些品格的“因果”呢？

1．“心念”很重要。稻盛和夫小时候在父母的教导下常怀感恩之心，在面对挫折的时候有乐观之心，在做事业的时候有“利他”之心。起心动念很重要。

2．稻盛和夫之所以能够创办两个世界500强企业，还拯救了日本航空公司，离不开他的“哲学”。那什么是哲学呢？用他的话说就是：“作为人，何为正确！”所以，坚持正确的做人之道，善良、勇敢、利他，终将会有好的结果来到身边。

3．利他不分大小。当稻盛和夫从扫地的妇人手中得到500日元的那一刻，他被那种纯粹的利他深深打动了。所以，我们可以从一个小的行为开始利他，多一个微笑，多一句温暖的问候，多一个赞美！

No.8

林清玄——笔耕不辍，觉悟人生

林清玄（1953年2月26日—2019年1月23日），中国台湾高雄人，当代作家、散文家、诗人、学者。17岁开始发表作品，20岁出版第一部漫画书之后便一发不可收，走上了文学之路，30岁前得遍了台湾所有文学大奖，连续10年被评为台湾十大畅销书作家。

林清玄出生在高雄非常偏远的乡下，他的家族是个大家族，家里有 18 个孩子，他排行第十二。家里穷苦，他在 8 岁时好不容易得到一本书，读了很感动，便立志成为作家。于是从小学三年级开始每天写作，小学写 500 字，中学写 1 000 字，高中写 2 000 字，大学写 3 000 字，一直坚持下来，一生共出了 131 部作品。可见有愿，就会有缘，坚持不懈就会成功。

林清玄小时候读书成绩差，常常不及格。有一年考试，好不容易超过 60 分，他很高兴地拿回家给爸爸看。爸爸正吃饭，他放下碗哈哈大笑。哥哥姐姐很奇怪，弟弟考这么烂，爸爸还笑。爸爸说："这么多年来我一直在找一个接班人，现在终于找到了。"林清玄一听，坏了！爸爸是农夫，向上三代都是农夫，自己不要做农夫，所以后来就用功读书。

林清玄住在很偏远的乡下，他很想离开这个地方，走出自己人生的道路。他初中学英文，发现他的英文老师不太懂英文。一天，教单词"today"，老师在旁边写了读音"土堆"；教单词"yesterday"，读"也是土堆"；教单词"tomorrow"，就是"土马路"。读到这里，林清玄想，昨天和今天都是"土堆"没关系，明天一定要为自己铺一条"土马路"。凡事要往好处想，不要抱怨人生。

考大学了，林清玄第一年没考上，第二年也没考上，第三年终于考上了。大学录取分数是361分，林清玄考了361.5分，回到家，他用红纸写上“恭祝林清玄金榜题名”贴在大门上。上了大学，林清玄琢磨起谁是考361分的幸运儿。一番调查后，他发现是张毅。后来张毅成为世界500强企业“琉璃工房”公司的老板。所以说，可能孩子成绩不是很杰出，不是那么好，但是不要放弃，因为世界上每个孩子都是不一样的。就像种植物一样，山坡地种竹笋、香蕉，沙地种西瓜和哈密瓜，烂泥巴里种芋头，不同植物适合不同土地，不是只有一个样子的。

走向社会，林清玄做了很多的杂事，一边养活自己，一边读书，不停工作，不停写作。乡下孩子离开家乡以后，会容易迷失，追求物质的成功。林清玄一度觉得，成功就是变成有钱、有名、有影响力的人。30岁时，林清玄被认为是很成功的人，做了台湾最大报社的总编辑，在电视台、电台都有很大的影响力。台湾选最成功的10名40岁以下的年轻人，林清玄在列。按他的话说，成功带给他的是苦恼、忙碌以及负面的事情。后来，他在报馆等待看小样，忽然看到一本有关哲学的书。书的第一句话就打中了他：“一个人到了30岁时，要把所有的时间用来觉悟。如果不这样，就是一步一步在走向死亡的道路。”此后，他就去山上闭关思考，每天早上打坐，阅读经文。经过3年多非常努力的修行才明白，真正的觉悟来自内心的革命。中国汉字很有寓意，“仙”——人一直往山上走就是仙，往山谷里走就是“俗”了。

林清玄写道，“现在的我，觉得成功就是今天比昨天更慈悲，今天比昨天更有智慧，今天比昨天更懂得宽容和忍耐，做到了，就成功了”。所以，每天睡前，可以把自己今天的成功记下来，放在床头，每天写几句，一个月后回头去看，你就会发现，你比一个月前更成功了。

本篇以林清玄的一段话作为结尾："以爱为灯，以美为光，以善为舟，航向智慧之乡"。

作者说

为何选择林清玄？本来没有准备写林清玄，可恰在写书之时，突然听到林清玄先生逝世的消息，心中伤感，我曾现场聆听先生的讲课，林清玄曾三次登临扬州讲坛。扬州讲坛是星云大师创办的名家讲课之地，听林清玄讲座，被他的人生经历和人生觉悟触动，总有种内心被唤醒的感觉。所以写本文追忆先生，也希望他的人生之路能对青少年有所启发。

林清玄的故事中有哪些品格的"因果"呢？

1. 因为得到一本书而爱上写作，因为热爱所以坚持，因为坚持才得成功，所以我们需要在此生找到自己真正热爱的，并且坚持不懈地为之努力，才能有所成。

2. 因为想走出困境才发愿要离开小地方，因为发愿才会有缘分。他考大学三次失败，都没有放弃。所以，上天总是会给我们一些磨难作为考验，经受住考验才能化茧成蝶。

3. 找寻人生的意义，带着这样的思考追问什么是幸福。为何阅读他的文字时有种被唤醒的感觉？因为他一直在唤醒着自己，继而带着大家一起从执着的梦中醒来。

No.9

埃隆·马斯克——创造无限，落实于行

埃隆·马斯克生于1971年6月28日，著名企业家、工程师、慈善家，现任太空探索技术公司首席执行官、特斯拉公司首席执行官、太阳城公司董事会主席。

我们先来看看埃隆·马斯克做了些什么。

2016年，马斯克在墨西哥国际宇航大会的演讲，透露了他的终极目标——延续人类的生命，让人类成为一个多星球物种。为了实现这个大目标，马斯克将它分解为可执行的小目标——把100万人送到火星居住。事实上，他所有的商业布局，都致力于这个目标的达成。

1. 为什么要做Space X（太空探索技术公司）——将人类送去火星。作为一家太空探索公司，从制作小火箭到制作更大、性价比更高的火箭，都是为了一步步把火星“船票”的价格降到最低，以便有100万人能负担得起去火星的费用。另外，因为火星空气稀薄，用一般的降落伞技术回收火箭是行不通的，所以Space X大力发展发动机反推技术，以便将来能在火星安全着陆。

2. 为什么要做特斯拉——解决移民火星后的交通和动力问题。火星上空气稀薄，没有氧气，地球上内燃机为主的交通工具和动力设备无法正常进行工作，但是特斯拉生产的电动汽车可以。作为一家电动汽车公司，往近了说，特斯拉致力于颠覆汽车行业；往远了说，这套技术可以在人类到达火星后，迅速解决交通问题。

3. 为什么要做Solar City（太阳能公司）——解决去火星后的能源问题。火星上没有氧气，不能使用煤和天然气，人类到达后能源从何而来呢？最合适的就是取之不尽的太阳能。所以，马斯克联合自己的表兄弟林登·里夫和彼得·里夫，创办了Solar City。Solar City致力于提供太阳能服务，以低于电力公司的价格，向客户供电。

4. 为什么要做The Boring Company（隧道公司）——解决移民火星后的运输问题。这家公司的核心技术Hyperloop（超级高铁）——电动滑轨车、真空地下隧道，能达到1 000公里/时的超高速运输系统。除了在地球上使用外，火星的真空条件，更有利于这项技术的实行。

5. 为什么要做Starlink（星链）——解决火星移民后的通信问题。Space X有个卫星互联网服务计划，将约1.2万颗通信卫星发射到轨道，并从2020年开始工作。这一计划被命名为"星链"。

不知道大家看完后，是否会惊叹于埃隆·马斯克的大梦想、大创造力和大实干精神？为何埃隆·马斯克如此呢？他小时候有什么奇特的生活呢？

第一，马斯克的外公约书亚是一位外人看来古怪又特立独行的人，他是马斯克心中的偶像。约书亚喜欢尝试新的事情，1950年，当约书亚似乎已经拥有一切的时候，他却决定放弃一切，准备重新开始。于是几个月之内，一家人卖掉了他们的大房子、舞蹈教室和按摩诊所，决定搬往南非——一个他们从来没有去过的地方。到了南非之后，他们组装好飞机，然后驾驶飞机横穿整个国家，去寻找适合居住的地方。这个家庭的冒险精神似乎是无穷无尽的。除了飞行，约书亚和家人还曾经深入丛林，用了一个月的时间去寻找失落之城，传说中，这座古城位于南部非洲的喀拉哈里沙漠。约书亚夫妇采用放养的方式来抚养孩子，这种方式也沿用到马斯克身上。孩子们从来没有受过体罚，因为约书亚认为直觉会引导他们做出正确的行为。他教导孩子们：你能够做成任何事情，你只需要做出决定，然后放手去做。马斯克也曾在采访中坦言，他非同寻常的冒险性格直接来源于他的外公。

第二，童年的马斯克展现出一个充满好奇和活力的孩子的所有特征。他理解事物的速度似乎比其他孩子更快。但是令人困惑的是，马斯克总是陷入发呆的状态。当人们跟他说话时，他经常没有反应，眼睛呆滞地望着远处。这样的事情频繁发生，令马斯克的父母和医生以为他聋。“他总是在思考，然后就进入了另一个世界！”马斯克母亲梅耶说，“他现在仍然是这样，我只能随他这样，因为我知道他正在设计新式火箭之类的东西。”其他孩子对马斯克的这种梦游状态表现得并不那么友好。他们会在马斯克身旁突然跳起来或者大喊大叫，但他总是置若罔闻。他总是保持着思考状态，而他周围的人觉得他这种行为很粗鲁或者古怪。但对于马斯克来说，这种状态让他受益匪浅。在五六岁的时候，他就找到了一种抵挡外界干扰的方法，让他可以集中精力在一项任务上。马斯克说：“我现在无法做到这样了，因为有太多事情分散了我的注意力，但是在我的孩提时代，它总能发生。”

第三，从小开始，马斯克对读书如饥似渴。每天读书 10 个小时对他来说是家常便饭，如果是周末，他可以一天读完 2 本书。全家人去购物的时候，经常发现马斯克中途不见了，爸爸妈妈就跑到最近的书店去找，总能看见马斯克坐在地板上全神贯注地看书。随着年龄的增长，马斯克会在下午 2 点放学以后自己跑到书店去，一直待到下午 6 点父母下班回家。“有一次，我把学校以及邻近图书馆的书都看完了，”马斯克说，“大概是在三年级或四年级的时候。我试图劝说图书馆员帮我订更多的书。之后，我就开始阅读《大英百科全书》，这让我受益匪浅，我发现自己不知道的东西太多了，而所有的一切都在书里。”

作者说

为何选择埃隆·马斯克？因为他是一位用科技改变人类命运的人！这个世界上，天才很多，梦想家很多，实干家很多，能将这三者集于一身的人却不多，埃隆·马斯克算是一位。他在很多方面和苹果创始人乔布斯很相似，也许其性格并不受人喜欢，但是其梦想、胆量、实干却能让这个世界发生变化。希望青少年们可以从他身上感受到那份大使命和大创造力。

埃隆·马斯克的故事中有哪些品格的“因果”呢？

1. 马斯克外公身上的开拓精神以及他们共同的非凡经历影响了马斯克。创造力的背后是寻求无限可能性，希望不断有新鲜事情发生。这样的一种探索精神让埃隆·马斯克富有极大的创新精神并敢于付诸实践。

2. 马斯克专注力非常强，甚至强到了发呆的地步。极度的专注能让人进入深度思考。而现在人们的碎片化时间太多而缺乏深度思考。所以，请大家放下手机，进入到深度思考，这样才会有大的成果。

3. 阅读很重要。因为马斯克从小大量阅读，他对整个世界和各个学科有了全面了解，他的头脑如同行走的百科全书，所以在创新中可以将各学科内容融会贯通。

4. 因为马斯克有巨大的使命感，想解决人类未来面临的问题，基于人生生存问题展开探索和创造。所以，大使命带来大动力，整合大资源，带来大成果。

写完本章后的感受

因为要写这本书，所以我又认真地研读了名人的故事，并且通过书籍、网络等方式找寻素材并整合述说我认为重要的部分，写完后才发现给我自己带来很多启发，也期待能给大家带来启发。如同我带学生游学多年以后的感受，我本来以为是我带着学生去看世界，结果是学生带给我一个全新的世界。

人生故事中有因果。想写、值得写的名人很多，因为篇幅的原因，所以无法一一书写。9位名人中，从古至今，从东方到西方，涵盖思想家、政治家、改革家、艺术家、企业家、科学家、慈善家等，希望能通过对他们故事的解读，给所有读者，特别是青少年朋友带来启发。

同时，我在写作中发现，每个人都是独一无二的，虽然有些品格类似，但是每个人的人生都不相同。我们走进每个人的世界，不是去羡慕他们，而是要活出自己更加美好的人生，因为我们自己也是独一无二的存在。所以，好好书写自己的人生吧。

第3章

播下品格的48颗种子

No.1 热爱祖国，心怀天下

不少人把“热爱祖国”当成了口号，认为热不热爱祖国和自己的成长没有关系。其实不然。在品格的48颗种子里，我把“热爱祖国，心怀天下”放在第一位，因为它十分重要。

为何重要？打个比方，我们自己的人生如同一棵树，而祖国就是我们生长的土地，如果土地的环境不好，我们如何能茁壮成长？

当下的中国是百年来最好的时代，个人的发展离不开国家，祖国国泰民安、繁荣昌盛，是我们自身发展最基本的保证。1935年，清华大学学生领导者蒋南翔在“一二·九”爱国救亡运动中曾这样振臂高呼：“华北之大，竟容不下一张安静的书桌！”在2018年上映的电影《无问西东》中有个片段，展现了西南联大的学生们在战火中学习的情景。再看看我们当下中国的学习环境，学习条件优越、物质丰富，这都得益于国家的稳定和发展。

我们生活在和平的中国，可世界并不太平。10 年前我和一个叙利亚留学生交流，当时他们的国家因为石油资源丰富，所以生活条件很好，可以来到中国学习。再看如今的叙利亚，被战火包围着。我曾在节目中看到一个 9 岁的叙利亚女孩对着记者采访的镜头哭述着："我天天住在阴冷的地下室，我都不敢回家拿个枕头，因为我可能会被炸死。"所以，同样年龄的孩子生活在世界上不同的国家，结果也会不一样。在当今的中国，很多 9 岁的孩子正享受着父母无微不至的照顾，可叙利亚的孩子却饱受战火的摧残。由此可见祖国对个人的意义。

在习主席领导的新时代，我们当以作为中国人而骄傲自豪。20 年前，中国人在西方还被别人看不起，而今当我在全球行走的时候，感受到我们中国人越来越被尊重。曾经我们羡慕外国科技的发达，而中国现在日常生活中普遍能够在线支付的时候，西方国家还在刷卡和用现金；当中国高铁已经遍布全国的时候，国外的交通工具中高铁的比例却很低。在很多方面中国都已经走在了世界的前列。当中国人民在世界任何角落遇到灾难或战争时，中国专机总是第一时间抵达。当然，当下中国依然存在很多的不足，需要我们每个中国人出一点点力，让我们的祖国更美好。

为何要热爱祖国，心怀天下？

因为如果一个人心里只装着自己，便只能有很小的成就；如果一个人心中装着大家，便会有大的成就；如果一个人心中装着祖国甚至装着天下所有的人，便会有更大的成就！纵观历史，发现事实的确如此：

周恩来总理在少年时期曾说过“为中华之崛起而读书”，而后成为受人尊重的新中国第一任总理；北宋范仲淹曾说出名句“先天下之忧而忧”，而后成为中国历史上杰出的思想家和政治家；美国的首任总统华盛顿带领美国走向独立，不居功，功成身退回去做了农场主，没有计较个人的得失，而最终成为美国最受尊重的总统之一，被称为“美国国父”；美国著名的民权运动领袖马丁·路德·金曾发表著名的演讲《我有一个梦想》，并为黑人解放而奋斗，最终获得了诺贝尔和平奖。这些名人都是把祖国和天下放在了自己的心中，把祖国的兴衰和他人的幸福放在了自己的心中，最终才能有大成就！

原因在哪儿呢？孔子说：“己欲立而立人，己欲达而达人。”一个人能够帮助多少人，就会被多少人成就！本书第二章涉及的名人，他们每一个人都把自己和祖国、和天下连在了一起，这才有了他们的成就，这就是规律！所以，无私的人没有私心，所以会发心利他，没有恐惧，最终汇集天下的智慧与资源，成大事！

为天地立心，为生民立命，为往圣继绝学，为万世开太平。

因此，作为公民，作为这个社会中的一分子，我们应该热爱我们的国家并心怀感恩，传播正能量。让我们为中国的发展而努力读书，为中华民族的伟大复兴而奋发，为世界更美好的未来做贡献。

No.2

爱与规则，平衡人生

咱们中国人喜欢讲阴阳，阴阳中有大学问，爱与规则便是一对阴阳。

作为父母，在教育孩子时，要做到爱与规则并存，因为没有规则的爱是溺爱，没有爱的规则是控制。很多孩子在品格上的问题，其实都和父母的教育有关。有些父母从小把家里面最好的东西都给孩子，孩子因为获得太多而不知感恩，这样便出现了家庭“小皇帝”。同时，有些“虎爸虎妈”又对孩子特别严厉苛刻，规则特别多，让孩子内心恐惧或者产生极大的反抗情绪，亲子关系很不融洽！所以，父母在教育孩子时，爱和规则二者不可或缺。当然，很多父母觉得最难拿捏的是度，这的确难，因为阴阳的平衡中度的把握最重要，如同烧菜，火大了菜就糊了，火小了菜又烧不熟。这就要靠父母自身的学习和修

行了。对此，前著《微教育》一书中有专门的解读。

而作为青少年，我们又该如何用爱和规则来设计自己的人生，从而达到平衡的状态呢？

比如，爱自己就要允许自己犯错。有些同学对自己太过苛责，犯了错误就让懊悔的情绪占据了自己的内心，甚至出现恐惧。这完全没有必要，因为每个人都会犯错。接纳自己的错误本身是对自己的爱。反之，有些同学犯了错觉得理所应当，一点反思和悔改之心都没有，甚至有些人违背了道德违反了法律还无所谓，这就是没有规则意识了。长此以往，就会受到规则甚至法律的惩罚。

那青少年对待错误应该如何做呢？首先要接纳自己的错误，不要过度自责，因为自责也解决不了问题。当然也不能全然无所谓，需要反思和分析如何才能避免下次犯同样的错误。这样才能在错误中成长。

如果自身的错误伤害了他人，则要鼓起勇气真诚道歉而不是回避。这就是在爱与规则之间的平衡。

又如，有些同学爱玩游戏，一旦投入便难以自拔，这就是没有做到平衡。我自己就吃过这样的苦头。在我上小学五年级的时候，因为一个暑假我都迷恋游戏机，结果两个月后我的眼睛就近视了，从那时起就佩戴眼镜，一直到现在。在生活中常常有因为戴眼镜而不方便的时候：打篮球不方便，游泳也不方便……想想当时真应该用规则很好地控制自己，不能因为一时的喜爱而让自己终生受害。同时，爱学习也要控制学习的时间。有些同学特别爱学习、爱读书，却忽视了身体的锻炼；有些人全身心投入工作，却忽视了休息的时间。这都是失去了平衡。一旦失去平衡，便容易出现问题。

自然规律也告诉我们，日出而作，日落而息。天上除了有太阳，还有一个月亮！所以，该动的时候动，该静的时候静，动静结合，才能产生能量。

爱与规则，看似对立，实则一体，规则中有爱，爱中有规则，有度地运用是关键。

No.3

未来世界，我来创造

人类总是在一个又一个的创造中不断发展、变化着，只有不断发展变化才能不断地迎接崭新的未来。如果一个人故步自封，一直待在舒适的环境里，不知不觉便会被时代淘汰。

清朝统治者认为天朝物产丰富，无所不有，不需要同外国进行交流。当时西方的殖民者正向东方扩展势力，清朝统治者担心国家领土主权受到侵犯，于是实行闭关锁国的政策。近两百年的闭关锁国，使中国逐渐落后于世界的发展进程。这并不是退步，而是未曾进步。

有人觉得如果什么都不做就永远不会做错，可在不断发展的世界中，什么都不做就会落后，就会被淘汰。这是用无数血泪换来的教训。

这样的历史教训不得不让我们思考：未来的世界该如何

创造？

从五四运动开始，在民族危难之际，中国各阶层的人民团结起来，为拯救民族危亡、捍卫民族尊严、凝聚民族力量掀起了伟大的社会革命运动。五四运动是一场伟大的思想启蒙运动，它推动了社会的进步，我们从此开始变革，开始解放思想，开始寻求突破。创造，首先要解决的是思想。它需要人站在更广阔的时空，站在人类发展的角度，相信自己可以有所作为并且勇于承担责任。

面对全球发展和祖国建设日新月异的变化，青少年该承担怎样的责任呢？我觉得，至少包含以下两个方面。

一个显而易见，是科学技术的创新！科技的不断创新会带来更大的物质进步，随着科技的进步，我们有了电话、手机、计算机等，互联网技术也取得了很大的发展，未来可能还会出现会飞的汽车等新的发明。随着人类智慧的不断提升，科技的发展会越来越迅速，这是人类发展的必然趋势。

这一点我们应该向大型民族企业华为学习。华为的创始人任正非先生，每年都会投入大量的经费用于科研项目，在全球设立研发中心，同时在全球花重金招募顶尖的科学家开展基础理论研究，正是这样着眼于长远的眼光，这样锐意进取的勇气，让华为创造性地拥有了5G技术，且在全球遥遥领先，华为因此得到了国人的追捧，任正非其人也因此受到了国人的尊敬。

除了科技创新，还可以在哪些方面进行创造呢？除了科技、文明的发展，还有一个更为重要的方面，那就是我们对自己内心的探索。人除了物质生活外，还有精神追求，有时衣食无忧也未必幸福，富人也有自己的烦恼，科技的发展可以满足人类对物质的追求，却无法解决精神的需求。幸福需要同时平衡好我们的内心，因为幸福是一种感觉，如果仅仅向外求却不向内看是很难感受到幸福的。

未来的人类社会将走向何方？这是每个人都需要思考的问题！曾经有人问过爱因斯坦关于“三战”的问题，对此爱因斯坦非常郑重地表示，虽然他不知道第三次世界大战会是什么样的，但他能够确定一点，那就是，如果人类在“三战”中使用了核武器，那么在之后的战争中人类或许只能以石头或棍子充当武器，毕竟届时人类文明可能都已经消失了。所以，未来的世界不光要发展高科技，更要探讨人类社会发展应有的伦理和秩序，并且在这个过程中化解人们心中各种各样的困惑，希望有更多的地球人可以为此思考并作出努力！

所以，青少年们，在学校的学习，不仅仅是为了在考试中取得好成绩，更重要的是着眼于自己未来的发展，而自身的发展则离不开国家的发展和世界的变革，当我们可以不断地通过自身所学解决一个个问题的时候，我们就在改变着这个世界，也在迎接着更美好的未来。这些改变不光是科学技术的创新，还有艺术的创新、人文的创新、社会环境的创新等，每一个创新都在让世界变得越来越好。我们从历史中读过我们民族历经的沧桑，我们也正经历着国家的崛起，相信我们的祖国甚至人类居住的世界，会因为你们的创造而变得更加美好！

No.4 世界眼光，全球竞争

想必大家都听说过《坐井观天》的故事，如果一个人的生活圈子小，他会误以为自己生活的地方便是整个世界。所以，在一个人的成长过程中，见识格外重要。

随着科技的发展，现代人生活的空间变得越来越大。200 多年前，没有现代化交通工具，从中国的北方到达南方可能要花上几个月的时间，需要翻山越岭，车马劳顿，而现在从中国最北面的城市到最南面的地方，坐飞机几个小时便可到达。随着互联网的发展，世界上任何地方发生的事情人们都可以在第一时间知晓，所以偌大的地球俨然已经是“地球村”了。

世界离我们越来越近，这是好的事情，也是坏的事情。为何？例如：一个产品如果做得好，那么随着互联网和现在的发达物流可以被全世界的人购买，这是“好事”；原先的产品只需要和村子或者周边的商户竞争就可以，而现在的产品需要参与世界性的竞争，难度自然就加大了，这便是“坏事”。所以，在经济全球化的今天，很多企业的危机意识越来越强，如果没有参与全球竞争的思维，不知不觉就会被淘汰。

在中国企业中，有家企业在全球引领了中国的品牌实力，这家企业便是华为，从其名字便可以看出其创始人任正非先生的爱国之情。任正非 1987 年集资 2.4 万元创办了华为，在 30 多年的发展历程中，将大量的金钱投入在研发上，因为他觉得，没有研发，就没有未来。华为的很多专利，不仅在国内遥遥领先，在国际上也处于前列。2017 年，华为 5G 预商用系统已进入全球多个信息产业发达国家，在伦敦、柏林、北京、上海、东京、米兰、迪拜、温哥华、多伦多、首尔等 10 个核心城市与全球各区域最领先的运营商实现了 5G 预商用网络部署。一步步研发，一步步逼近，一步步超越，华为的 5G 技术已经开始领先国际。

未来的世界是小的，因为网络连接了世界；未来的世界也是大的，因为全球都可以成为我们的世界。所以，各位青少年朋友，我们的学习不能仅仅和班级的同学竞争，而需要和全世界的人才比拼，我们需要具备更加国际化的视野！每次带游学团队去世界各个国家的时候，我们会发现，原来世界充满了如此多的精彩，同时也存在着很多挑战，甚至存在着很多危机。例如，在日本的一道历史考题中会出现：“21 世纪如果日本跟中国开火，你认为大概是什么时候？可能原因是什么？如果日本赢了，是赢在什么地方？输了是输在什么条件上？请分析之！”

又如，在以色列的课堂上，学生们除了考试外，经常会展开辩论，对当下的全球经济、科技等展开讨论，以色列的学生在 18 岁要先入伍，经过军队真枪实弹上战场的磨炼，然后才到大学去读书。这样的历练，培养了他们的责任意识、吃苦精神和团队合作能力。

所以，各位青少年朋友，一定要从我们自己的“象牙塔”中走出来，把自己的学习和世界连接在一起。多看新闻，多了解外面的世界，有机会可以到世界上各个国家去走一走，也可以通过互联网等了解世界的资讯。当这样的资讯积累到一定程度的时候，自然会对世界有更全面的了解，这样才能真正参与到未来的全球竞争中。

No.5 细心用心，避开大患

在我们的人生中，犯错误是难免的。但有些错误是要避免的，因为这些错误会给我们带来终生伤害。人之所以犯错，究其原因，不少是对小事的不在意、不注意。因此本篇我们探讨细心和用心的重要性，帮助我们避开一些麻烦和灾难。

不细心会带来麻烦。第一次带学生去美国游学，不少同学丢三落四，有的丢了钱，有的丢了手机，还有的把衣服放在洗衣机里最后全部忘记拿了。在美国，有个学生过安检的时候，把手机落在安检的地方了，当她坐摆渡车跑去把手机拿回的时候，飞机已经起飞了，我和她只能默默地看着飞机离开。我俩在机场整整等了 7 个小时，才坐上下一班飞机。我自己也是个蛮粗心的人，有一次去提款机取钱，取了 2 000 元，忘记拔卡了，结果后面的“朋友”取了我卡里面的 3 000 元。所以，不细心往往会给我们带来麻烦！

不用心，对自己不负责任，甚至会带来巨大灾难，如酒驾。2008年世界卫生组织的事故调查显示，50%～60%的交通事故与酒后驾驶有关，酒后驾驶已经被列为车祸致死的主要原因。酒后驾车的危害触目惊心。我们不能因为自己的无所谓就让自己甚至让他人受到终生的伤害，所以，各位青少年朋友一定要劝说父母和身边的亲朋好友，绝对不可以酒驾，自己长大后也要杜绝酒驾。任何违反法律规定的事情，绝对不要去做。安全无小事，从现在开始，遵守交通规则，按照信号灯和斑马线行走。

在安全问题上，我们必须追求极致，做到细心用心。大家觉得降落伞的良品率应该达到多少呢？如果是99.9%是不是够高了呢？在第二次世界大战中期，当时降落伞的良品率已达到99.9%，应该说这个良品率即使是现在的许多企业也很难达到，美国空军却对此公司说“No！”，他们要求降落伞的良品率必须达到100%。厂商认为任何产品都不可能达到绝对100%的合格，除非出现奇迹。降落伞制造商的总经理专程去飞行大队商讨此事，看是否能够降低这个标准。后来，军方改变了检查品质的方法，那就是，从厂商交货的降落伞中，随机挑出一个，让厂商负责人把装备上身后，亲自从飞行中的机身跳下。这个方法实施后，不良率立刻变成零。为何良品率最终达到了100%呢？因为厂商最终用对自己生命的尊重去尊重每个生命。所以，对待生命，我们不可以抱有“差不多”的心态。如果所有事情都只有99.9%的成功率，那么每年会有20 000次配错药事件，会有15 000个婴儿出生时会被抱错，每星期会有500宗做错手术事件，每小时会有

2 000 个包裹投递错误事件。

所以，各位青少年朋友，也许很多事情我们不用追求极致，但是对于生命和重要的事情，我们需要有用心细心的态度，这是对自己的负责，也是对爱我们的人和我们爱的人，甚至是对一个陌生人的负责。

No.6 追求精致，不求完美

上文，我们探讨了细心、用心，本文我们需要探讨的是保持追求精致的精神，却不要追求完美！有人会疑惑：一方面要我们追求精致，另一方面不需要完美，这不是自相矛盾吗？其实并不矛盾。追求精致是让我们要认真、用心、细心，不追求完美是希望我们把重要的时间放在重要的事情上，而不要为了所谓的完美在不重要的事情上耗费时间，况且世间本没有完美的存在。再者，很多时候我们自认为完美，也许在别人看来并不完美。所以，追求一个不存在的东西会让我们耗费很多的时间和精力。

我自己原来就是一个追求完美的人，例如，在备课做课件的时候，我会因为一个图片的位置不合适而调整半天。因为这样，我耽误了可以做更多课件的时间，也因此常常做到深夜而影响了自己的休息。所以，我们追求细节完美的时候，常常会失去对全局的把握，从而失去更多。

在讲课中，我经常会发现追求完美的家长，他们总是看到孩子的不足，哪怕孩子做得已经很好了，还吹毛求疵地希望孩子做得更好。这样，孩子往往在完美的要求下失去了本该有的自然，最后适得其反。

过分追求完美的人，往往难以成就伟业。因为追求完美会掉入小事，进入细节太多。好比用了很多时间修剪一个盆景，却失去了整个森林。盆景也许是完美的，森林不一定是完美的，因为森林中有枯树，有落叶，有粪便，但与盆景相比，森林却更加生机勃勃。

追求完美的时候会自我设限，顾虑很多，想着等全部准备好了再出发，所以错失了很多的机会。爱自然生命力体系的林青贤院长经常告诉大家，要在不完美中出发。追求完美的人总是对他人不放心，什么事情都亲力亲为，而一个人终其一生到底能够做多少事情呢？

我研究身边人后发现，做大事的人往往都有大格局，追求精致，但不追求完美，而是在前行中不断地完善。完美会让我们的心变小，不追求完美心才会变大。只有心大了，世界才会大！

如何在追求精致和追求完美之间找到平衡呢？我的建议是，对于影响生命的事情绝对要细心和仔细，容不得半点马虎；其他的事情，只要每次都在进步就好，哪怕是失败也是有价值的。不要在不重要的事情的所谓完美上消耗自己的时间，更不要把完美的要求强加在身边的人身上，否则最后丢给自己的可能是一个孤独的世界！

所以，青少年朋友们，要带着豁达的心胸翱翔于寰宇之间，追求精致，不求完美！

No.7 相信自己，学习他人

如果一个人的能量是 100，相信自己的时候能量便会上升到 120，否定自己的时候能量便会下降到 80。这个数字只是个比方，具象地告诉我们，人的能量会随着内心对自己的认同而产生变化。依稀记得我在小学考试的时候，如果哪次考试觉得自己考不好，陷入担心和不自信，往往哪次就发挥不好，成绩自然也就不理想。妈妈知道我有考试压力后，告诉我不要太在意成绩，只要我开心就好，并且告诉我每次考试前说三次“我相信自己，考不好也没什么”。从妈妈那儿我收获了豁达和自信，然后带着这样的感觉去考试，反而往往能够正常甚至超常发挥，成绩自然也挺好。

每个人都想自信，可为何有时会不自信呢？原因有很多。

其一，当一个人从小常被否定的时候，便会在心里种下不自信的种子。这些否定有些来自父母，有些来自老师，还有些来自身边的人。曾经听“知心姐姐”卢勤老师演讲，她提到，她小时候很喜欢跳舞，结果有次教他们跳舞的老师不经意说了一句“就你这罗圈腿，肯定跳不好”，从此卢勤老师的跳舞梦便破灭了！所以，父母和老师要多给成长中的孩子种下肯定的种子。在青少年品格课上，我会告诉台上的孩子们：只要你相信自己并付出努力，你的成绩便会突飞猛进。学生们感受到老师在这么多人面前相信并肯定了自己，便会收获一分力量！于是，惊喜不断发生。不少上过品格课的家长发微信告诉我“这次孩子成绩提高了 20 分”“这次孩子前进了 15 名”等，他们感觉不可思议！其实没什么神奇，是我们平时的否定教育抑制了孩子的潜能，影响了孩子对自己的正面认知。其实，每个孩子都可以做到超越自己。父母要相信孩子，同时老师也要给予孩子希望。

其二，因为在意别人的看法，担心他人的评论和眼光。在辩论节目《奇葩说》有一期中，盲人选手蔡聪用他充满自信的演讲打动了所有评委。蔡聪虽然看不见这个世界，但是却用他的口才和思想带给世界光明。他认为，盲人也和普通人一样，只是换了一种方式生活，“残疾人”是人们的一种刻板印象……蔡聪没有活在和他人的比较中，而是活在自我人生的绽放之中！所以，我们都要接纳自己的不完美，发挥自己的优势！有一次在美国参观自由钟，旁边有位解说员，这位代表美国给来自世界各地游客讲解美国历史的解说员，不是美女帅哥，他的身高不足 150 厘米。虽然很矮，但他满怀自信地讲解着美国历史。那种侃侃而谈的自信得到了在场人员热烈的掌声！一个人相信自己，便会赢得尊重。“苹果之父”乔布斯曾说：“你的时间有限，所以不要为别人而活。不要为教条所限，不要活在别人的观念里。不要让别人的意见左右自己内心的声音。”所以多和自己说 “走自己的路，让他人说去吧”。

其三，因为总是看到自己没有的，却忽视了自己拥有的。我们的不自信常常来自比较：我的学历没他高，我的家庭没他富有，我的长相没他好，等等。殊不知，当我们羡慕别人的时候，我们也是别人羡慕的对象。我曾经问学生：“你们羡慕任正非爷爷吗？”大家都说羡慕，因为70多岁的任正非爷爷很有大智慧，且拥有大格局。现在请大家思考，如果任正非爷爷回到朝气蓬勃的青年时代，成为大家的同学、朋友，他会有什么不同的选择？你想和他一起做什么事情？所以，各位青少年朋友，在我们拥有青春的时候，要好好珍惜。时光是此生最宝贵的财富，相信在时光中，我们有无限的可能去创造美好的未来。因此，不要总在意自己没有的，而要多珍惜自己拥有的，活出自己的精彩人生！

当然，自信是客观地评价自己并且给自己打气，如果过度高估自己，甚至看不起别人，那就是自负了。我们不能从自信走向自负，因为自负的人往往听不进别人的建议，如同一个装满水的瓶子，再也装不进东西了。我们身边有很多值得我们学习的人，这些人，我们不必羡慕，也不用嫉妒，更不要远离，应该去亲近。通过学习和借鉴，汲取他们的经验与智慧，然后在自己的学习和生活中实践，这样我们便会在学习中不断地完善自己。

所以，青少年们：相信自己，不断给自己信心和勇气，活出自己的精彩人生；学习他人，不断地丰富自己，活出不断超越自我的人生。

No.8 发扬优势，改善不足

有两个理论，一个是长板理论，另一个是短板理论。

什么是长板理论呢？就是在一个团队中，每个人发挥自己的优势，擅长演讲的演讲，擅长唱歌的唱歌，然后把自己的长板拼接在一起，就可以形成一个大的水桶。

什么是短板理论呢？就是对一个木桶来讲，装水的多少取决于最短的那块板子，而那块板子就是一个人的不足。

这两个理论看上去有些矛盾，实则不然，长板理论告诉我们，在团队中，每个人都有自己的特长和价值，要发挥自己的优势；短板理论告诉我们，在个人修行中，要不断地觉察自己的不足，并加以完善，否则便会影响自己人生的圆满。

我研究了很多人生富有成果的人，发现他们都是在自己有优势的领域做出了杰出贡献。这种优势便是“天赋”，好比鱼擅长游泳，猴子擅长爬树，如果我们一定要让猴子去游泳，让鱼去爬树，那它们便难以成功甚至还会丢了性命。所以作为父母，要善于发现孩子的天赋。有一个朋友家的孩子，从小就特别调皮爱动，经常爬高踩低，还会窜到门的上面玩，这说明他有运动天赋。他父母经过学习，很明智地把他送去学习跳水，结果孩子拿到了省运会的冠军。有个孩子从小听到古典音乐便会特别投入，说明有音乐天赋，所以父母让他学习了钢琴，最后孩子也很有成果。哈佛大学的霍华德教授经过研究，提出了“多元智能理论”，即人类的智能主要可分为言语－语言智能、逻辑－数学智能、视觉－空间智能、身体－运动智能、音乐－节奏智能、交往－交流智能、自知－内省智能、自然观察智能八大智能。这个理论告诉我们，人生来不同，各有各的天赋，所以教育需要因材施教，发挥孩子的优势。此生，我特别庆幸我可以作为一个教育工作者，因为在教育中我有灵感，也许这就是我的天赋。所以，当有家长和学生问到如何选择大学专业和未来工作的时候，我会建议：选择你擅长的，这是你的天赋；选择你喜欢的，你会开心；选择对社会有价值的，你会收获财富。所以，各位青少年，每个人来到这个世界，都是独一无二的，你一定拥有某种天赋，你要找到自己的优势，发挥优势。

当然，发挥优势的同时，也要真实地面对自己的短板。此短板我个人认为不是技巧层面的，而是品格层面的。为何不是技巧层面的呢？打个比方，如果我弹钢琴不好，就需要练习钢琴吗？当然不是。因为是否弹钢琴并不影响我的发展，我只要不断地在教育的道路上前行就好。可是在品格方面，如果我不够勤奋，便会影响做教育；如果我钻研深度不够，便会影响做教育；如果我不够自信，便会影响做教育；如果我人际关系处理不好，便会影响做教育。所以，针对自己在品格方面的不足，一定要不断地修炼，否则就算一个人能力再强，品格中的某个短板也有可能会让其付出终生惨痛的代价。这样的事情不少见。有些人因为心胸狭隘而嫉妒他人，甚至伤害他人；有些人因为做事情无法坚持，往往临近成功却中途放弃；有些人因为贪心太重，身居高位最后却因为受贿进了监狱；有些人因为想快速赚钱，参与赌博最后丢了全部家产；有些人因为太在乎面子而不会拒绝，最后上当受骗……当我们品格中有不足的时候，往往会阻碍我们人生达成圆满，甚至让我们付出惨痛的代价。

所以，青少年们，我们一方面要找到自己的优势并发挥，相信自己可以有所作为；另一方面要完善自己品格中的不足，在人生的修行中不断修炼自我。

No.9 专注当下，约束自我

给青少年们上课，我问：“什么是自由？”他们回答“自由就是想干吗就干吗”“自由就是可以不写作业”“自由就是没有人管”……他们真实的回答逗笑了全场的人。随之，我邀请回答“想干吗就干吗”的几位学生到台上来，给他们展示了一张图片，图片上是一个几千米高的悬崖，悬崖的半山腰有护栏，我说：“现在给你们一双溜冰鞋，在悬崖的半山腰玩，想怎么玩就怎么玩，为了给你们更多的自由空间，我会把护栏拆掉。”几个小孩顿时脸色不太好看了，哆嗦着说：“老师，这可不行……会死人……”他们的回答再次逗笑了全场。我接着问：“这儿的护栏是好还是坏呢？”他们说：“现在看来，这护栏真是好东西。”所以，很多时候，看似在约束我们的东西，实则在保护我们的安全。自由不是没有条件的，自由需要以约束为前提。

很多学生会说，你看西方国家就崇尚自由。事实真如此吗？我在美国坐一位朋友的车，上车后他要我系上安全带，还要坐后排的所有人都系上安全带。我问原因，他说在美国如果不系安全带会被处罚，最高可达 200 美元。我们在爱尔兰游学时发现，爱尔兰是一个很爱喝酒的国家，那儿的黑啤很有名，可只有达到 18 岁法定年龄的人才可以喝。同样的事情发生在新西兰，我带着学生走进一家卖酒的商店，学生拿了两瓶可乐，店员却不给他们结账，因为这儿是酒品商店，只有成人能购买东西。所以，在西方，很多地方并不自由，但是不自由的背后初衷都是为了青少年的健康成长。

一个人如果太自由，便会散漫，如此便难以专注，继而很难成为“精品”。学生们都很喜欢宝马、保时捷等名车，特别是男孩子们。在课堂上，我给他们看一张我在德国宝马展厅拍的宝马概念车，特别炫酷，我问：“为什么宝马可以生产出如此高品质的车？”孩子们纷纷发表意见。接着我给他们展示了几张宝马设计师们工作时的照片，每个人都那么专注，聚精会神于车辆的每个细节上。正因为有了专注，才能出精品。如果我们上课都很懒散，我们的成绩自然难以提升。纵容自己懒散，最后吃亏的是自己，不仅学习的时候效果不好，后面还需要花更多的时间来弥补。所以，专注是提升效率非常重要的方式，上课认真听是一种智慧。

当今时代，分散我们注意力的东西太多了，手机便是其中之一。微信、微博、抖音、游戏，这些电子化信息占据了我们太多的时间，把时间不断地碎片化，以至于我们都没有整块时间思考了。樊登老师在介绍《深度工作》这本书时，特别强调要放下手机，专注工作。他提到，每当他看到有些送外卖的人员一边骑着摩托车一边还看手机时，心里都为他们捏着一把汗，因为不够专注引发的交通事故屡见不鲜。另外，一旦养成了不断看手机的习惯，我们的大脑会发生器质性病变，导致我们想专注的时候也难以专注。我现在也不断地告诫自己少看手机，最好分为上午、中午、晚上，以整块的时间来处理手机内容。手机是我们的工具，我们不能成为手机的奴隶。苹果手机的创始人是乔布斯，虽然他引发了手机革命，但是当他进入深度思考的时候，是在一个几乎没有东西的禅房里面冥想，这让他可以足够专注地迸发灵感。

所以，青少年们，让我们做到以约束为前提的自由，不违反道德和法律；让我们专注于当下重要的事情，不要在散漫中浪费了时间而使此生碌碌无为。

No.10 勇敢面对，知错能改

品格课是亲子课，随着课程的深入，父母会发现自己的错误给孩子们带来了很大的负面影响，所以他们常常会反思自己的教育问题，这时候我便会引导他们向孩子们承认错误，忏悔自己曾经在教育孩子过程中对孩子的打骂、指责、比较等给孩子们造成的伤害。有些人也许不能理解，父母怎么可以向孩子认错呢？这样有失父母的身份！其实不然，认错本身并不是一件丢人的事情，而是需要勇气的，这不是懦弱，而是坦荡。当父母真诚地向孩子道歉后，孩子便开始和父母连接了，开始安慰父母，并承认自己的错误。所以，父母是孩子的榜样，父母能够真实面对自己过往的不足，便是给了孩子一个很好的示范。哪个人此生不会犯错误呢？犯了错误，不要逃避，而是勇敢地面对，这样的人才会受人尊重。

曾经看到一则新闻，有个骑车送外卖的小伙子不小心撞到了一位老大爷，小伙子没有溜掉，而是立刻带着老大爷到医院看病，自己没有钱便向朋友们借了 3 万元给老大爷看病，还每天为老大爷送饭，以弥补自己的错误给老大爷带来的伤害。老大爷出院一个多月后又住院了，小伙子又赶到医院看是不是他的错误带来的后续伤害。他的举动感动了老大爷和他们一家，老大爷感动地告诉小伙子："这次不是你的问题，是我的老毛病犯了。你是个好小伙子！"后来他们成了忘年交。看到这，我也被感动了，感动于小伙子的勇气，直接面对问题不逃避，感动于小伙子的担当与善良。我相信他未来的路一定走得很好，因为勇者无惧，仁者无忧！

作为父母，当孩子犯错的时候，不要一味地指责。为什么很多孩子考试成绩不好时喜欢撒谎？这是因为担心会受到严厉的批评，想要保护自己。有位父亲在看到孩子只有65分的试卷时，是这样对孩子说的："这次没有考好，很正常。我知道这不是你的真实水平。每个人都有发挥失常的时候，我开心的是你敢于真实地面对这个问题，没有逃避。这才是男子汉的做法。我们一起来研究怎样改进，让下次考试变得更好。"在父亲的鼓励下孩子不断改善，在接下来的考试中取得了优异的成绩。所以，父母从容了，孩子才能勇敢面对错误并且积极改正。

作为青少年，知错了要立刻改正。一个人改过的速度反映了一个人悟性的高低。孔子特别喜欢学生颜回，原因之一便是颜回改过的速度很快，孔子赞其"不贰过"。春秋时，晋灵公无道，滥杀无辜，臣下士季进谏。灵公当即表示："我知过了，一定要改。"士季很高兴地对他说："人谁无过？过而能改，善莫大焉。"遗憾的是，晋灵公言而无信，残暴依旧，最后被刺杀身亡。与之相反，三国时期，周处被乡里人和大蛟、白额虎同列为"三害"，周处杀死蛟、虎后，却得知自己才是最被乡里人忧虑的，因此找到名士陆云决定改过自新，最终成为一代忠臣。

所以，青少年们，勇敢地面对问题，不要逃避。不断地三省吾身，知错能改，才会拥有更加美好的人生。

No.11 鼓起勇气，突破边界

如果我们一生都活在村子里面，便只能看到村里的风景；如果我们走向世界，便可以看到世界的风景。

如何去往世界呢？首先心里要有这个想法，心里面相信自己可以去；同时还需要突破阻碍自己的那些限制，才可以拥抱世界。

我们为什么要突破自己的边界呢？品格课中，我会给大家写一个“囚”字，这个字很形象，中间的“人”被四边的框子给框住了。我们很容易看到有形的囚笼，比如某人因为犯罪被牢房囚禁起来，却常常看不到桎梏住自己的那些无形的囚笼——自己的认知、自己的见识。

我喜欢看《总裁读书会》这档节目，其中一期邀请到了嘉宾王静，她与丈夫共同创建了户外用品著名品牌——探路者，市值超过 100 亿元。她多次登顶珠峰，还曾用 143 天完成了挑战地球九极（七大洲最高峰 + 南北两极）。刚开始登山时并不是一帆风顺的，她 2007 年 9 月第一次登珠峰，在 6 000 多米的时候就突发高烧至 39℃，队友们觉得她很难登顶，结果却出人意料，作为队伍里面唯一的女性，她一步步地走，最终最先登顶珠峰。回忆起这段往事的时候，她觉得自己是靠信念做到的，同时不断给自己勇气。她给大家推荐了一本书，叫《人生不设限》，这本书的作者是失去四肢却活出生命精彩的演讲家尼克·胡哲。王静也正是凭借着这样一种精神，翻越了一座又一座的高山，与她的先生白手起家创办了“探路者”这个品牌。王静说：“实际上没有那么多框框把我们限制，我们应该走出来，跨出来。跨出你所限定的范围，也许就能得到超乎你想象的收获。做人、做事情都要有一种永不放弃的精神，一定要勇敢地往前走。人生不设限，挑战不可能。”

我相信每个人都希望走出自己的世界，可是走出来的过程并不那么容易，如同一只蝴蝶，它在化茧成蝶的时候必然要经历挣扎。在这个走出来的过程中，自己的心力和意愿格外重要，因为自己的人生总归要靠自己。我们都会有恐惧：有与人交往的恐惧，有面对困难的痛苦，有登台演讲的紧张……对此，我们唯一能让自己变得更好的不是逃避，而是去突破，否则这样的负面感受将一辈子围绕在我们身边。我曾经带学生们去新加坡环球影城，里面有很多刺激的项目，最恐怖的当属过山车。站在下面看着车子翻来覆去，伴随着尖叫声呼啸而过，的确可怕！我号召学生们一起去体验，有些学生果断地拒绝了，有些学生勇敢地选择了，还有一位学生在犹豫着，我拍着他的肩膀告诉他："我们一起去挑战，有我在，你很安全。"他哆哆嗦嗦地跟着我们一群人去排队了。排队的时候，他好几次想要退出。眼看就要到我们了，他紧张得都快哭了，大家一起安慰他。当我们最后很开心且刺激地经历了尖叫到落地，我问他是什么感受时，他说："其实没那么可怕，很多恐惧是自己想出来的。"此句堪称至理名言！我觉得他是一个很勇敢的人，因为真正的勇敢不是完全不害怕，而是明明害怕还愿意去突破。

所以，鼓足勇气去突破，便会收获一份成长，还会收获成就感。那些我们担忧的、纠结的、恐惧的东西，正是"囚"住我们的外框，阻碍着我们前行。对此，最好的选择就是直接面对，在一次次的挑战中扩大自己的内外空间。对内，我们的心将变得更加坚强与豁达；对外，我们将看到世界更多的风景，将经历更加丰富的人生。

所以，青少年们，人生没有回头路，不要给自己设限。在人生路上鼓起勇气，大胆挑战，突破边界，你会在苍穹之间收获一个无悔的人生。

No.12 控制自我，延迟满足

1960年，美国斯坦福大学心理学教授沃尔特·米歇尔设计了一个著名的关于“延迟满足”的实验，主要测试一群4岁到6岁的孩子能否坚持在十五分钟后再吃眼前的糖。他对孩子们说：“桌上有一块糖果或饼干，如果你能等我回来再吃，还可以再得到一块糖果或饼干。但你若不能等这么长时间，就只能得一块！”实验中，孩子们很难控制自己的欲望，不少孩子只好把眼睛闭起来，以防受到诱惑，或者用双臂抱头不看，或唱歌、跳舞，还有的孩子干脆躺下睡觉——为了熬过十五分钟！结果是：三分之一的孩子抵制住了诱惑。经过12年的追踪，凡是当时熬过那十五分钟的孩子（已是16岁了），都有较强的自制能力，自我肯定，充满信心，处理问题的能力强，坚强，乐于接受挑战；而选择吃一块糖果或饼干的孩子（也已16岁了），则表现为犹豫不定、多疑、好惹是非、任性，顶不住挫折，自尊心易受伤害。在后来几十年的跟踪观察中，也证明，那些有耐心等待吃两块糖的孩子，事业上更容易获得成功。由此可见，控制自我和延迟满足的重要性。

这个世界上不缺有梦想的人，但是很多人的梦想最终成了空想。为何？很重要的一个原因就是自控能力不够！所以，想成事，必须要有很强的自控能力。

我反观自己，发现我的自控力也需要提高。我知道锻炼身体的重要性，可是常常会在锻炼了几天后便以各种原因为借口而放弃。每个新春我都会给自己定一个目标，一定要加强身体锻炼！这次写在书里面，不仅是给自己一个提醒，也想让看到这本书的人不断地督促我！当然，我也尝到了自控的好处，我觉得我坚持最好的便是写思想日记。从8年前开始，我按照恩师的要求每天写思想日记，至今也已经有几十万字了。这件事情给我带来的好处是灵感越来越多，觉察越来越好，看本质的能力越来越强。所以，在自己懒惰的时候告诉自己坚持一下吧！2019年1月，我在沈阳市上青少年品格精英课时，有位导师和我分享，自从她2018年7月上了一次青少年品格精英课后，半年时间内，她一直坚持写思想日记并且尝到了坚持写的好处。她说，我当时有句话点醒了她，当她不知道要写什么而想放弃的时候，就写一句话："我今天不知道要写什么，但是我还是写了！"由此可见，写什么不重要，关键是要战胜自己的惰性而坚持下去。

为何自控力强的人会有好的成果呢？因为在我们的生活中，诱惑我们的东西太多，我们经常因经不起诱惑而离开自己本该专注的中心，当能量不聚焦的时候就很难产生大的成果！有些人本来餐饮做得很好，但是看到别人做房地产很好，就没有控制住做了房地产，结果不仅影响了原先的餐饮生意，房地产也没有做起来；有些人身居要职，没有经得起金钱的诱惑而受贿，最后锒铛入狱；有些人在读书的时候，没有经得起游戏的诱惑而深陷其中不能自拔。反之，自控力强的人明白自己要的到底是什么，能够看到更长远的利益，不会因为当下的小诱惑而丢了自己的大未来。

同样，我希望青少年朋友们明白延迟满足的意义：延迟满足会收获更大的成就感。假设你在挖一座金矿，如果你在挖到第一块金子的时候便欣喜若狂地拿着这块金子去消遣，而不去继续努力，便丢掉了接下来的整座金山。所以，能够延迟满足的人，往往能够收获更多的财富。股神巴菲特在做投资的时候，便遵循这样的规律：他不会去赚取短期的收益，而是看准了有发展潜力的企业而长期持有。正是这样的一种延迟满足的定力，让他坐拥了巨大财富。

同样，父母在教育孩子的时候，也需要培养孩子的定力。怎么培养？可以通过一些微小的练习来提升孩子的自我控制能力，比如，做表格来计算每天按时学习的时间、体育锻炼的时间等。当然，父母自身也要有定力，特别是要注意控制自己的情绪。

所以，青少年们，如果想成为人生的大赢家，而不是仅仅收获一点点小成就，那就请很好地控制住自己，延迟自己的满足。你终将因此收获一座“大金矿”！

No.13 拥抱未来，当下『三吃』

一个人如果想在此生有大的成果，往往需要经历“三吃”。哪“三吃”呢？吃苦，吃亏，吃辱！如《孟子》中所说：“天将降大任于斯人也，必先苦其心志，劳其筋骨，饿其体肤，空乏其身，行拂乱其所为，所以动心忍性，曾益其所不能。”

“三吃”中有什么规律呢？

我们非常熟悉且引以为豪的民族品牌华为，现在带着 5G 的核心技术走向了世界，华为创造了辉煌，成为世界级标杆企业，可这辉煌的背后，却有着其创始人任正非先生吃苦、吃亏、吃辱的不凡经历。任正非自小便经历了常人难以想象的艰辛，让我们一起来走进任正非先生小时候及其创业之初的生活。

1944 年 10 月 25 日，任正非出生于贵州镇宁县一个贫困的小村庄。他的父母是乡村中学教师，家中还有兄妹 6 人。任正非的童年是在贫穷中度过的，吃不饱，穿不暖。直到高中毕业，任正非都没穿过一件衬衣，夏天，他还穿着厚厚的外衣。家里几个人合用两条棉被，在地炕里做饭，他最大的理想就是能吃一个白面馒头。

高中那年，一家人穷到得去山上挖野草根煮来充饥。偶然有一个馒头，任正非的母亲也会切成九等份，每个人只能分到一口。为了能让每个孩子都能活下去，一家人吃尽了苦头。

1963 年，任正非考上了重庆建筑工程学院，但此时家里的经济状况更加捉襟见肘，弟妹的处境也更加艰难。母亲竭尽全力为他准备了两件衬衣和一条拼接起来的被单，它们陪伴任正非度过了四年艰苦的大学生活。

任正非学习很刻苦，他在大学里自学自动控制学、逻辑学、哲学和几门外语。苦难是人生最宝贵的财富。任正非说："如果没有经历童年的贫苦饥饿以及人生的挫折，就不可能取得今天的成就。如果不艰苦奋斗，就不可能有今天的华为。"

大学毕业后，任正非又入伍成为一名建筑工程兵。1983 年，国家调整建制，撤销基建工程兵。任正非转业到了深圳市南油集团下面一个三级公司任职。在这里，任正非遭遇了人生的第一个"陡坡"。任正非在一笔生意中被人坑了，吃了很大的亏，导致公司 200 多万货款收不回来。那时，内地城市月平均工资只有 100 多元。在这种情况下，任正非被南油集团"炒鱿鱼"，成为一名失业者。任正非失去了经济来源，妻子也与他离了婚，他上有老下有小，还要兼顾 6 个弟弟妹妹的生活，他和父母租住在一个小房里，生活陷入窘境。任正非在一波接一波的波折中，直达人生低谷，也在此中感受着世态炎凉，很多人看不起他，甚至躲着他，害怕他来和自己借钱。为了省钱，任正非的母亲常常在菜市场收档时，捡一些别人扔掉的菜叶，买来便宜的死鱼，以维持最基本的生活。

任正非极其坚强，他没有时间去感伤，家庭的责任、事业的急迫，令任正非走向了一条下海经商的道路。1987 年 9 月 15 日，43 岁的任正非找朋友凑了 2.1 万元在深圳注册成立了华为技术有限公司，任正非将公司起名为“华为”，寓意“中华有为”，并愿为中华的崛起而为之！创业虽然艰苦，但任正非心中不忘大愿，不忘国家和民族。1991 年 9 月，华为租下了深圳宝安县蚝业村工业大厦三楼，开始研制程控交换机。最初公司仅 50 名员工，办公室既是生产车间、库房，又是厨房和卧室。十几张床挨着墙边排开，床不够，用泡沫板上加床垫代替。所有人吃住都在里面，不管是领导还是员工，做得实在累了就睡一会儿，醒来再接着干，这在华为成了传统，被称为“床垫文化”。后来华为漂洋出海，与国外公司直接竞争，华为的员工在欧洲也打起地铺，令外国同行无不惊呆称赞，华为的这种精神感动着他们身边的所有人！

关于任正非吃苦、吃亏、吃辱的故事还有很多，在此不一一描述。这些年，我与每个有大成就的人交流时都发现，每个人的成功都来之不易，正如古人所说：“吃得苦中苦，方为人上人”“宝剑锋从磨砺出，梅花香自苦寒来”。

作为青少年，我们不要总去羡慕别人的成果，而要去学习他人的精神。我创业至今也有 13 年了。当年在读研究生时，我就开始做家教。为了招募学生，当时临近 7 月，冒着酷暑高温，我拿着宣传单，挨家挨户地散发，一天要爬2 000多层楼。虽然每张宣传单的印刷费用只要5分钱，但是1 000张就需要50元，这对当时的我来说是一笔不小的费用，所以我会细心地把每张宣传单折叠好，放到每家每户的门口，不浪费任何一张，这常常累得我汗流浃背、腿脚酸软。到了正式上课时，我早晨5点开始起床备课，然后连续上9个小时的课，接着，晚上继续备课到深夜12点。在教学中，虽然我很努力，也无法得到所有学生的支持和所有家长的理解，因此也受过很多委屈。现在想来，我很感恩当时的那些经历，让自己在磨砺中得到了成长。

胸怀是被委屈撑大的，韧性是在吃苦中历练的，福分是在吃亏中获得的。所以，如果你现在学业压力大而倍感辛苦，请感恩这样的辛苦吧，因为它可以让我们更加坚强；如果你帮了别人没有得到任何回报甚至还让自己遭受损失，请感恩这样的损失吧，因为吃亏是福；如果你在学校遇到了不公正的对待，学会感恩这样的不公正吧，因为可以让我们扩大心胸。

所以，青少年们，让我们享受吃苦、吃亏、吃辱的过程吧，因为所有的伟大都会经历不容易，正是因为有了不容易，才能撑起更大的天地！

No.14

坚持不懈，直到成功

有本书叫《羊皮卷》，是一本励志的书籍，其中有一个篇章的内容便是“坚持不懈，直到成功”。我很喜欢其中的话语，摘录一些与大家分享：

坚持不懈，直到成功。生命的奖赏远在旅途终点，而非起点附近。我不知道要走多少步才能达到目标。踏上第一千步的时候，仍然可能遭到失败，但成功就藏在拐角后面，除非拐了弯，我永远不知道还有多远。再前进一步，如果没有用，就再向前一步。事实上，每次进步一点点并不太难。

坚持不懈，直到成功。从今往后，我承认每天的奋斗就像对参天大树的一次砍击，头几刀可能了无痕迹。每一击看似微不足道，然而，累积起来，巨树终会倒下。这恰如我今天的努力，就像冲洗高山的雨滴，吞噬猛虎的蚂蚁，照亮大地的星辰，建起金字塔的奴隶。我也要一砖一瓦地建造起自己的城堡，因为我深知水滴石穿的道理，只要持之以恒，什么都可以做到。

坚持不懈，直到成功。我绝不考虑失败，我的字典里不再有放弃、不可能、办不到、没法子、成问题、行不通、没希望、退缩……这类愚蠢的字眼。我要尽量避免绝望，一旦受到它的威胁，立即想方设法向它挑战。我要辛勤耕耘，忍受苦楚。我放眼未来，勇往直前，不再理会脚下的障碍。我坚信，沙漠尽头必是绿洲。

坚持不懈，直到成功。我要牢牢记住古老的平衡法则，鼓励自己坚持下去，因为每一次的失败都会增加下一次成功的机会。这一次的拒绝就是下一次的赞同，这一次皱起的眉头就是下一次舒展的笑容。今天的不幸，往往预示着明天的好运。夜幕降临，回想一天的遭遇。我总是心存感激。我深知，只有失败多次，才能成功。

坚持不懈，直到成功。我要尝试，尝试，再尝试。障碍是我成功路上的弯路，我迎接这项挑战。我要像水手一样，乘风破浪。只要我一息尚存，就要坚持到底，因为我已深知成功的秘诀：坚持不懈，终会成功！

这段内容，我在上高中的时候，会经常拿出来读，因为学业的压力有时候会让我喘不过气来，需要找些鼓励的话语来激励自己，每次朗读的时候我都会给自己一分力量。

无论我们掌握了多么高超的技法，如果没有坚持不懈的精神，终将一事无成。

有部微电影叫《24 小时马拉松》，讲述的是一场非同寻常的马拉松比赛，它比的不是速度，而是在 24 小时内，参与者所创造出来的最长距离。这场比赛考验着所有参赛者，挑战体能与意志的极限。林义杰，当时就读于台北市立体育学院，是一位年仅 23 岁的大学生，过去的马拉松比赛成绩平平，在这场马拉松比赛中，名不见经传的他靠着自己的意志击败了来自世界各地的优秀选手，最终在 24 小时未进食的情况下，跑完了 220 公里。如果没有坚持不懈的精神，难以完成这样的挑战！

所以，青少年朋友们，希望我们面对自己的未来，做到坚持不懈，相信成功终究会来到我们的面前。

No.15 心怀梦想，脚踏实地

2012年11月29日，习近平总书记在参观“复兴之路”展览讲话时首次阐释了“中国梦”，而后在2013年5月2日给北京大学学生的回信中写道：“中国梦是国家的梦、民族的梦，也是包括广大青年在内的每个中国人的梦。‘得其大者可以兼其小’，只有把人生理想融入国家和民族的事业中，才能最终成就一番事业。”由此可见梦想的重要性！

为何梦想如此重要呢？梦想如同灯塔，指引我们前进的方向！如果我们自己都不知道要去哪里，就会陷入常常在原地打转，甚至一生都没有出发的境地。纵观有所成就之人，大都在心中存着一个梦，然后朝着这个梦的方向前行。当然，实现梦想的过程不都是一帆风顺的，也会经历很多的磨难。若心怀梦想，梦想便如同不灭的希望，会帮助我们跨越一个又一个的障碍。一个人如果只在意个人的得失，就很难有大的梦想。有梦想的人，背后往往不是为了个人的私利，而是承载着巨大的使命，使命越大，梦想也越大。

在古典小说《西游记》中，唐僧带着徒弟们去往西天取经，取到真经便是他们的梦想，因为怀揣着这样的梦想，所以即使经历了九九八十一难，他们也不放弃。历史上真实的唐僧又是如何的呢？

唐僧的原型是唐代的佛学大师、著名翻译家、旅行家玄奘，后被人誉为佛门的“千里马”而名震长安。玄奘的学问已经十分渊博，但是他并不止步于此。苦心研究后，他发现，翻译过来的经书中有很多错误，所以当他听说天竺（大体在今天的印度、巴基斯坦）有很多佛经时，就树立了一个梦想——去天竺取经。贞观元年（627年），在朝廷不批准他出境的情况下，他偷偷跟着商人离开了长安，来到玉门关附近的瓜州。从那以后，他独自一人在茫茫沙漠中摸索前行。一望无际的沙漠中根本没有道路可走，他只好顺着死人骨头和驼马粪便的踪迹朝前走，走了40多公里路，终于到了第一座烽火台。烽火台的士兵跑了出来，知道了他的经历后，对他非常钦佩，帮他盛水，送他干粮，并且指明了去往下一个目的地的近道。他以惊人的毅力，在茫茫沙漠中走了四夜五天，到最后咽喉疼痛，身体发虚，眼睛也睁不开，昏倒在沙漠中，直到半夜才苏醒过来，醒来后又继续走，他终于发现了绿油油的草地和清澈的泉水。历经千辛万苦，他终于走出了方圆400公里的大沙漠，来到了高昌国。后来，玄奘又克服了许多困难，通过西域各国，到达了北印度。他在印度游学，向学者们请教问题，虚心求教学习了5个年头。对此，他仍不满足，又用了 6 年时间去印度各地游学，饱览藏书。贞观十九年（645 年）正月，玄奘回到了长安，在外游历十几年的他已不再年轻。唐太宗听到玄奘回国的消息，特地派了文武百官前去迎接，场面十分隆重。他的伟大行为促进了东西方文化的交流。

试想，如果玄奘法师没有去往天竺取经的伟大梦想，而是凭借着已经拥有的盛名在长安传经布道，他能获得影响后世的历史成就吗？很多人会说："我也有梦想，但是为什么没有成功呢？"因为，很多人的梦想并不是真正的梦想。真正的梦想需要从内心深处相信，并且时刻惦念着，而不是随便想想而已。稻盛和夫在《活法》中写道，"如果愿望要变成现实，普通程度的、随便想想的愿望是不够的，必须是非同寻常的、强烈的愿望，'如果能那样该多好啊'这种淡然的、可有可无的、不迫切的愿望不行。需要睡也想、醒也想，从头到脚底，全身充满了这种愿望，抱着这样的愿望，聚精会神、一心一意、强烈而透彻地进行思考，才会有所成"。

所以，随便想想的梦想往往难以起到作用，因为那不是真的梦想！有了真的梦想的人，不会仅仅停留在想的层面，一定会脚踏实地地去践行，从一点一滴的地方开始去努力做到。

美国湖人队的知名球员科比，年少时，他的梦想是成为一位篮球巨星，毫无疑问他现在已经是了！记者问科比："你为什么能如此成功呢？"科比反问道："你知道洛杉矶凌晨 4 点是什么样子吗？"记者摇摇头："不知道，那你说说洛杉矶每天早上 4 点钟究竟什么样儿？"科比挠挠头，说："满天星星，寥落的灯光，行人很少。"科比每天清晨 4 点走在洛杉矶的街头，去练习篮球。一天过去了，洛杉矶的黑暗没有丝毫改变；两天过去了，黑暗依然没有半点改变；十多年过去了，洛杉矶4点钟的街道仍然没有改变，但科比已变成了肌肉强健、有体能、有力量、有很高投篮命中率的运动员。科比的前队友塞莱斯坦德说，一次季前赛里，他想成为第一个到球馆的人，到了球馆后却发现科比已经绑着石膏，在用左手投篮和运球。在三连冠期间，就算球队实力雄厚，科比也会提前4个小时到达球馆，进行热身训练。奥尼尔曾经在自传里提到，科比就算手上没球，也会认真地练习攻防两端的动作。他并不是随意地训练，而是认真地做着比赛的动作。当全世界都在讽刺他的时候，他在练球；当其他球员都在休息的时候，他在练球；当所有球员都在度假游玩的时候，他在练球；当球队输球的时候，他还在练球……可见，每个人成功的背后都是超越常人的付出。

所以，青少年们，心怀梦想，带着使命想想，此生要做的是什么，然后脚踏实地，带着超越常人的勇气和毅力，将梦想转化为现实吧！不要让你的梦想最终真的成了一场梦。

No.16 主动学习，收获未来

主动学习和被动学习到底有多大的差别呢？

在品格课程中，我们专门设计了一个互动环节：进行主动和被动的对比。第一次，让学生自己走向一个目标；第二次，让学生坐在地上，然后其他几个学生扮演他的爸爸、妈妈和老师，把他拖到那个目标；第三次，让这个学生以最快的速度跑向那个目标。第一次这个同学是主动走过去的，个人感觉轻松但速度不够快，因为没有用尽全力；第二次是被动过去的，不仅速度很慢，自己不舒服还让身边人也不舒服；第三次依然是主动过去的，这次多了一份冲劲儿，所以速度很快。为何设计这样的互动呢？希望学生们通过体验感受：什么是被动，什么是主动。这个互动反映了一些现实的情况。如果人们是自己主动学习的，特别是用心主动学习的，学习成果就会好，自己也会舒服。而如果是被父母、老师逼着学习的，往往心情不好，因为被别人逼着做事的感觉本身就不好，效果也不会好，同时逼自己的父母和老师也并不舒服。

同样是去往一个目标，主动和被动的差别很大。所以，智慧的人应该明白，人生是需要自己主动去把握的，而不是靠别人督促，否则不仅心情不好，效率也不会高。但凡能够在自己的人生中成为赢家的，主动赢得自己的人生是他们的共性。很难找到一个人，是天天在他人的催促、要求中得到很好的发展的，学习如此，工作亦如此。

可是主动并不是那么容易的事情，因为主动需要克服自己的恐惧、惰性、害羞等。在新西兰游学时，早晨 8 点多钟，我带着学生们去挑战蹦极。蹦极的地点在一个山谷的桥上，太阳还没有出来，冷风嗖嗖，我们十几个选择参加蹦极的伙伴相互鼓励着，虽然身旁有队友的加油声，可站在 70 多米高的桥上，望着山谷中湍急的河水，心中还是恐惧万分。旁边的工作人员给我们腿上绑上了绳子，可绳子并没有带来一点安全感，依然感觉空荡荡的。站在起跳的小板上，腿直哆嗦。不少学生犹豫了很久，因为包含工作人员在内的所有人都不会催促蹦极挑战者，突破完全需要靠自己，只有自己主动迈出那一步才是真正的突破。让人很喜悦的是，最后，所有报名的同学都成功地完成了挑战。

有个叫韩宜航的同学，告诉我他有恐高症，我告诉他蹦极专治恐高症，最后他选择了相信，选择了突破自己，勇敢地从 70 多米的高空纵身一跃，真令我钦佩。后来我和他沟通关于学习的事情，得知他的学习成绩不太理想。在与他的接触中，我发现他聪明懂事，如果他学习上能够主动一些，用心一点，成绩一定能够突飞猛进！事实的确如此，回国后的他，带着一份主动，认真学习，带着一点用心，半年内总成绩就提高了100多分。在我把他的故事写进这本书的时候，又收到了他的信息，半年时间他的总成绩又提高了40多分。我问他的感受，他说，当自己为自己学习之后，学习变得很有价值感，虽然也会有不容易，但是主动学习的不容易和他人催促的不容易不一样，因为多了成就感和超越自我的那份喜悦！

我从小在学习上没有让父母操过心，因为我觉得学习是我自己的事情，所以有问题都是自己去问老师，自己去新华书店买补充习题；走向社会后，自己主动去创造，去做自己的事业。好像父母没有催促过我关于学习和工作的事情，我和父母的关系一直都很融洽，因为我明白，自己的人生需要自己主动去创造。

所以，青少年们，人生要主动。主动赢得机会，主动带来效率，主动拥有成果，主动让自己拥有一个更加快乐的心情。

No.17 有意注意、刻意练习

这世界上有天才吗？在这个篇章中你会有新发现！

我喜欢听樊登老师讲书，坐高铁或开车时听“樊登读书会”是我学习的一种方式。樊登老师总能把枯燥、深奥的书籍在旁征博引中讲得妙趣横生，发人深省。其中，对我影响很深的一本书便是《刻意练习》。

这本书的作者安德斯·艾利克森博士发现：杰出并非一种天赋，而是一种人人都可以学习的技巧。成为杰出人物的关键，在于刻意练习。成功需要刻苦，但是真正成就天才之道——刻意练习，又不等同于刻苦！

莫扎特被认为是不折不扣的天才，7 岁环欧洲旅行演出，能够弹奏多种乐器，能作曲等，多种技能加持在一个 7 岁孩子的身上，好像非天才难以解释。然而，很多人不了解，莫扎特的父亲也是一名音乐家，培养出钢琴演奏家的女儿后，他更加用心地训练年幼的莫扎特，使他在极小的年纪就得到了大量且目的明确的练习，才能让其在音乐方面有所成就！

同样还有一位小提琴界的天才帕格尼尼，一次演出中 4 根琴弦中有 3 根绷断，他用 1 根琴弦仍然完成了完美演奏，大家都认为这太不可思议了，其实是他平常就经常练习用 1 根琴弦演奏美妙的曲目！

《刻意练习》的作者调查了几乎所有天才的背景，他发现，天才在表面上看起来都有着不可企及的高度，但是事实上，唯一的秘密就在于刻意练习，用一套系统性的方法，不断突破自己的边界。

与“刻意练习”类似的还有一个“1 万小时定律”。事实上，1 万小时定律并不严谨，因为不是所有人练习超过 1 万小时就可以成为一个专家。练习的方法至关重要。比如，看大门的大爷，工作时间也许早超过 1 万小时了，但是没有成为全世界最好的保安；有的老师讲课也超过 1 万小时，但是也没有成为最好的老师。其中就在于是否“有意注意”，是否每次都在不断地提升和反思！

如何刻意练习呢？

首先，相信人的大脑是可以通过刻意练习被训练的！心理学家做过一个特别有意思的实验，孩子们被分为两组，两组小孩都是数学成绩很差的，然后用同样的方法辅导他们，出的题目、辅导方式都一样，唯一的区别就是对其中一组小孩讲一句话：孩子们，你们知道吗？人的大脑像肌肉一样，只要运动，是会长大的。你们猜结果怎么着？听过这句话的一组小孩，数学成绩大幅提高，而没有听过这句话的一组孩子，尽管辅导方法一样，但是成绩远远没有另一组进步快。所以，我们首先得相信，自己的大脑是可以被训练的。如果不相信的话，真的学不会。所以，要相信，通过一定的练习，一定会成为某一方面的专家，即使不是，也会成为某个领域的强者，无论是开出租车，还是跳水，或是下棋。

其次，专注地去做这件事情。比如可汗学院的孩子，为什么他们的成绩都挺好？原因就是他们每次出的十道题，都只针对一个知识点，要想把这个知识点搞明白，就必须要把这十道题做会，这叫专业地针对一个问题来进行训练。有时候，人们数学、物理学不好，是因为某一个点没有认真地攻克它，所以导致一直稀里糊涂，以这种稀里糊涂的方式是没有办法学好的。必须得针对这个难题，认认真真地思考，认真地去攻克它，才可以做到专注。

再次，反馈。刻意练习一定要有反馈。为什么每一个减肥的人都需要一台体重秤？这台秤就是给你反馈的东西，如果真想减肥，就得知道自己每天的体重。如果今天没瘦，明天怎么补回来？这就是记录反馈。高考做题时，老师每次都要排名、看成绩，这就是反馈，它让我们知道自己处在什么阶段，需要怎么努力。

最后，改进。找到弱点之后，就要想办法改进。就像打球时，如果正手发球没劲，就花一下午时间练正手发球。用这样的方法去做刻意练习，一定会有大的收获。

通过本篇，希望青少年们不要对天才这件事情有太多的执着，因为当你相信这个世界上有天才的时候，就给了自己不努力的理由，觉得自己不是这块料。所谓的天才，不过是每一天的积累而后成才！

对比《刻意练习》这本书，我发现自己不知不觉也在运用刻意练习的方法！例如，在讲课的时候，我有个习惯，就是每次课程都要比上次再精进一些，虽然是讲同样的内容，但是每次都要针对讲课去突破一些不满意的地方，同时聆听学员和主办方的反馈，然后再持续地改进。正如爱自然生命力体系林青贤院长所讲的射箭原理（对新手来说，在限定的练习时间中，与先调整细节，最后只发一箭的方式相比，不断地射箭，在过程中不断调整的方式，最终的命中率更高。因为前者只有一次验证调整机会，后者有多次验证调整机会），不断地讲课，从量变到达质变。

所以，青少年们，相信自己，找到自己的兴趣点，然后有意注意，而不是随波逐流。经过刻意练习，你一定会有所成就！

No.18 三省吾身，日日精进

曾子曰：“吾日三省吾身：为人谋而不忠乎？与朋友交而不信乎？传不习乎？”曾子是孔子晚期的弟子，中国著名的思想家！他的三省吾身也流传至今！翻译成白话文：“我每天多次反省自己：替别人做事有没有尽心竭力？与朋友交往合作做到诚信了吗？老师所传授的东西经常温习了吗？”由此可见，曾子对自己有着很高的要求，并且每天反思是否做到了。

为何要三省吾身？因为在日常生活中，我们会受到各种各样事情的影响。也许我们本来诚信对人，在上当受骗一次后便不愿意继续诚信；也许我们本来心存善念，但当发现并没有因此而得到什么好处后便不愿意继续善良；也许我们本来想通过学习收获一个更美好的前程，但是因为学习的压力太大以致不愿意再坚持……三省吾身的时候，便是不断地觉察自己，提醒自己，不要忘了自己的初心，不要丢了自己本该坚持的正确的人生观和价值观的时候。

为何要三省吾身？因为这是提升自我的重要方式。我们经常活在了学习里面，活在了工作里面，周而复始，却不去思考学习和工作中需要改善的地方，所以学习和工作变成了重复的劳动。如果我们可以带着一份觉察来思考，试着想想：学习中有没有效率更高的方法？工作中有没有需要改进的空间？不断带着这样的思考，我们才会日日精进。

清代名臣曾国藩便是每日三省吾身的典范。他经常发现自己的弱点和不足，然后设法加以弥补。曾国藩在因为父亲去世而回乡守丧期间，就经过反复的自省，发现自己有两个弱点一直没有克服：一是傲慢，二是多言。于是，他将这个事情写在日记之中。后来又坦诚写信与自己的弟弟分享，坦言自己还有傲慢和多言两个“凶德”，毫不忌讳地将缺点暴露在亲人面前。他在给弟弟曾国荃的信中写道：“古来言凶德致败者约两端：曰长傲，曰多言。丹朱之不肖，曰傲，曰嚣讼，即多言也。历观名公巨卿，多以此二端败家丧生。”长傲就是指自己态度傲慢，看不起他人，同时觉察自己的态度、语气中是否存有傲慢。至于另外一个缺点“多言”，则是曾国藩自己的亲身体会。当年他在京城担任翰林的时候，在一次宴会上，好友兼同乡郑小珊前来做客，并向曾父拜寿。两人关系本来十分密切，因为聊天的兴致太高，曾国藩夸夸而谈，言语有失谨慎，与郑小珊发生了较为激烈的冲突。当晚，郑小珊夺门而出，而曾国藩也是愤愤不平。两人一度形同陌路，不相往来。

正是因为不断地内省，日日精进，曾国藩才能成为一代名臣！

那如何做到三省吾身，日日精进呢？

我用的方法是写思想日记。我有个习惯，就是在每天晚上临睡前，会思考今天发生了哪些事情，这些事情给自己什么启发，以及有什么需要改善的，然后写下来。这件事情，我已经坚持了8年时间，给我带来了很多的益处！当然，光写还不够，更要在日常的行为中不断地去精进。

另外，就是时刻觉察。有的人脾气不好，怎么办呢？可以每天针对自己的脾气不断觉察：今天是不是能够更加从容地接受发生的事情？今天是不是不那么容易动怒了？如果每天都可以这样觉察，相信脾气一定会逐步得到改善。

同样，作为青少年，我们也要不断反思：今天是不是努力地为自己的梦想奋斗了？今天的学习效率有没有提高？今天的学习方法有没有改善？相信如果能每天进行这样的反思，我们的成绩也一定会得到提高！

所以，青少年们，每天都想想哪些地方可以更好，每天都前进一小步，你终会获得从量变到质变的成就！

No.19

修炼心性，心开花香

这一篇章讲“学习成长”。请大家不要把学习仅仅和获取知识联系在一起，人生的学习包含多个方面，不仅仅是学好语文、英语、数学等学科知识，更要修炼内心，让自己这颗心变得更加豁达、坚强、从容。

当下的教育，我个人觉得修炼脑袋的多了，而修炼内心的少了。人们通过很多的知识学习，让脑袋越来越发达。可脑袋发达未必是好事，因为发达的脑袋会让我们想太多，想太多便更容易产生焦虑、担忧、恐惧。教育中我们忽视了对心的关注，而很多东西都和心有关，如汉字中的“想”“愿”“悟”“情”中都有心与之相伴，所以如果少了心的修炼，仅仅凭借脑袋的发达，很难成就伟大的人生。

明朝时，王阳明提出了“心学”，当然，心学自古便有，到王阳明时得到了很大的发展。在《传习录》中，王阳明提出了心学的重点四句话："无善无恶心之体，有善有恶意之动，知善知恶是良知，为善去恶是格物。"关于这四句话的含义在此不深入探讨，因为要讲明白需要不少的篇章，通过这四句话我们要了解的是，每个人都有善恶的念头，需要形成正确的价值观，继而通过"格物"这样的修行方式来磨炼自己的心性。

王阳明的心性体现在哪些方面呢？给大家讲关于他的三个故事。

1493 年，"天才"王阳明第一次会试落榜。1496 年，"天才"第二次会试再次落榜。有好心的亲友担心平时自视甚高的他连续两次遭受"高考"落榜打击，会自暴自弃，便好心去安慰劝告他。没想到王阳明却甩出一句"世以不得第为耻，吾以不得第动心为耻"的名言，意思是"世人因为考试不中而感到羞耻，我因为考不中就灰心丧气而感到羞耻"。在他看来，有上榜之事，就有落榜之事，不要过分在意，快乐还是痛苦，都是生活的一部分，只有调整心态，才能减轻痛苦，享受快乐，可见其内心的强大。弘治十二年（1499 年），王阳明终于迎来自己的"春天"，取得了二甲第七名，也就是全国第十名的好成绩。

王阳明擅长用兵，有弟子问王阳明用兵是不是有特定的技巧，王阳明回答："哪里有什么技巧，只是努力做学问，养得此心不动。如果非要说有技巧，那此心不动就是唯一的技巧。"大家的智慧都相差无几，胜负之决只在此心动与不动。

王阳明在人生的最后时刻，踏上了回家的船。当他行至江西南安的时候，对他的弟子周积说："我要走了。"周积听到这句话泪如雨下，就问："先生，你有何遗言？"嘉靖七年十一月二十九日（1529 年 1

月9日），阳明先生与世长辞，遗言是：“此心光明，亦复何言。”

通过王阳明的一生，可见“心”的力量，心的宽广让他不会因为考试失败而消沉，心的从容让他面对敌强之时可以反败为胜，心的光明让他此生没有遗憾！

所以，如果成绩不好，未必是学习知识时出了问题，而是心出了问题；如果生活不幸福，未必是财富出了问题，而是心出了问题；如果经常生气，未必是运气不好遭遇坏事，而是心出了问题。

所以，修心，让心打开，才能闻到花的香味。

知道了心的重要性，我们如何修自己的心呢？

第一，做家务。做家务可以修炼心性。我曾经看到一个5岁的小男孩，他天天打扫房屋，还会揉面、烙饼。扬州市邗江区根据学生身心特点，为7万多名中小学生和在园幼儿制定了《家务劳动指南》，该指南为各年龄阶段的未成年人划出了家务范围。扬州邗江区教育局副局长冯长宏说：“家务劳动会带给孩子独立、责任、自信、自强和爱等多种心理营养。”不少父母经常因为想让孩子专注学习而不让其做家务，殊不知，做家务本身可以磨炼心性，且有助于学习。

第二，多向内看。遇到事情，不要总想着靠外在的力量来解决问题，而要向自己的内心看，觉察当下自己的内心世界，看看是心的什么地方出了问题。是不是自信心不够？是不是恐惧让自己不敢向前？是不是私心让自己舍不得付出？当我们不断的在不如意的事情中反观自己，我们的内心便会在一次次的磨砺中变得强大起来。

第三，多悟。在品格课中，我经常带着同学们说“游戏不重要，悟到什么才重要”“电影不重要，悟到什么才重要”，因为悟的时候，一定要用心去觉察，用心觉察了，便会让自己的心对外界多一份感知，继而和外在的能量联系在一起，自己的心也会得到启发。

第四，静心。带学生们游学时，我经常让他们静心 10 分钟时间。在火车站，在海边的沙滩上，在雪地的树林间，我们会静静地、呆呆地坐一会儿，让自己浮躁的心慢慢地安静下来。让自己的心安静下来并不容易，可以每天给自己一些时间，让自己发会儿呆或者静坐一会儿。

第五，心性的修炼有些复杂，大家还可以多看看“樊登读书会”节目介绍的心灵成长类的书籍。我觉得樊登老师讲得也很好，无论是《自卑与超越》，还是《一平方米的静心》，都能给我们带来很多的启发。

所以，青少年们，修炼心性，你定会感受到心开花香的美妙。

No.20

常常分享，成人达己

如果有学生考了全班第一名，你会对他说什么呢？

曾经有个学生很开心地告诉我他考了全班第一名，我对他说：“第一名没啥了不起，你知道有啥比第一名更厉害的吗？”他好奇地问我：“还有比第一名更厉害的？”我说：“当然！比得到第一名更厉害的就是帮助全班同学都提高成绩。”我为何没有给第一名的学生表扬呢？因为我觉得，得到第一名的学生不缺少表扬了。作为老师，我们应该借助合适的机会给学生建立良好的思维模式。如果一个学生把自己得第一当成最重要的事情，那他的心里面只装着自己；如果一个学生把可以帮助更多的同学成绩变好当成重要的事情，他的心胸就宽广了，进而可以帮到更多的人。

在现实生活中，我们发现有些人总是追求第一，追求超越他人，却过得不够开心，他们能有小成但是难有大成。而有些人心中想着他人，愿意帮助别人，这些人往往自己开心还会取得大的成果。为何？

从学习规律上来看，教授他人是效率最高的学习方法之一。我们在课堂里面认真听讲的时候，看似很投入，却也只能收获30%的内容，而通过自己的实践能收获60%的内容，效率最高的则是教授他人，能收获90%的内容。这点在我身上有印证。我在读初中的时候，因为转学的原因，就近入学进入了一个普通学校的普通班。我之前的成绩不错，所以在这个班级里面，每次考试我都名列前茅。我的班主任陆老师便鼓励我每周帮助全班同学学习，特别是后进的同学。每周六下午是我固定辅导他们的时间，偶尔陆老师还会让我给全班同学讲课。一学期过去了，我辅导的同学成绩前进了一小步，而我自己的成绩前进了一大步！后来我明白了，原来帮助他人学习是最重要、最高效的学习方法之一。而不明白这个道理并且只想自己好的同学，往往只顾着自己学习却不愿意帮助他人，甚至认为帮助别人就会被别人超越！如果这样狭隘地利己，就算在考试中有所成就，在今后的人生道路上也会因为狭隘而错失很多的机会。

孔子说："己欲立而立人，己欲达而达人。"从中我们知道，如果一个人想发达就要帮助别人发达，因为成人才能达己。如果一个人只想着自己，便只能在自己狭小的世界里循环。如果一个人可以成就他人，便可以在更大的世界里获得智慧与能量。

佛教中讲"布施"，意思便是要分享，财布施得财富，法布施得智慧。这点在我的经历中也有所印证。我经常和爱自然生命力体系的导师们分享：如果希望自己的智慧提升，就要去传播智慧；不要等到觉得自己学习得很好了才去讲课，而是在讲课的过程中才会生发出更多的智慧。切记：完善永远在路上，行动起来再完善。这些年，我每年都用了很多的时间在讲课，为了讲课便要备课。在不断准备并且不停分享的过程中，我发现自己的智慧也得到了提升。

所以，青少年们，多多分享吧！相信你的成绩会在解决他人困惑的过程中得到提升，因为成人方能达己！

No.21 珍惜资源，厚德载物

现在我每次出差的时候，都喜欢自带牙刷、牙膏、梳子等物品，不是因为爱干净，而是觉得用一次性的物品有些浪费。想想全中国每天那么多人住宾馆，那么多人用一次性物品，还有很多的洗发液、沐浴液用不完就丢掉了，多么浪费！不知从何时开始，每浪费一样东西我心里都会有些不舒服，不是因为金钱，而是因为福分。

为什么中国人讲“厚德载物”？因为人们只有多行善、积累厚的功德才能承受得起今天所拥有的物质和精神文明。享受得越多、拥有得越多就越需要更多地积功累德。否则德（得）不配位，早晚得遭殃。我觉得，每个人的福分是有限的，不要过度地消耗，否则自己的福分也会受到影响。

打个比方，人的“德”好比一艘船，而“福”相当于船上的货。

如果一艘船小，而船上却要放很多的货，最后会如何？想必大家都明白，船会沉下去。所以，作为青少年，我们一定要不断地修炼自己的德行，让“德之船”越来越大，同时减少自己福分的消耗，让自己的人生之舟在大海中越行越稳。

如何修行自己的德行呢？就是多做善事。每做一件善事便会积累一份福分。我们可以帮助父母洗衣服，可以帮助同学学习成长，可以给贫困的人一点物质帮助，可以给伤心的人一些安慰，可以从地上捡起一个垃圾扔到垃圾箱……只要是对他人、对社会有意义的事情，每天做一些，这就是在把自己德行之“船”越修越大，以后才能承载更多的“货”。

反之，如果自己过度地消耗，例如，吃饭浪费，追求名牌的衣服鞋帽，甚至追求名车名表等，这些物质上的消耗都会减损自己的福分，让自己的“船”变得越来越小。如果有一天有很大的货物放在船上，看上去这个货物是个好东西，实则会成为灾难。

希望所有读到这篇文章的人，都能积福惜福，不要浪费福报。很多条件比较好的人家，从小就给小孩吃最好的，用最好的，上最好的学校。结果小孩长大后，事事不如意，还染上种种不良习气。所以，作为家长，即使家境再好，也不要让孩子“透支”福分，适当地让孩子做做家务，带着孩子做做公益，这样才能让孩子拥有长久的福分。

所以，青少年们，珍惜资源，不要浪费，厚德载物，收获福分。

No.22

遵守承诺，收获信任

曾经在三亚给学生讲品格智慧课时，我在台上和子豪同学互动，他说他成绩不好，我告诉他，只要他相信自己并且足够努力，一定可以提升分数，我们还做了一个约定，如果他的成绩能提高 30 分，他便可以参加我下次在扬州的课程，如果没达到就不可以去上课。过了 2 个多月，我已经忘却了那个约定，可就在扬州的品格智慧课开课的前两天，我接到了子豪同学的电话，他说："老师，我成绩刚出来，我这次提高了 68 分，我兑现了承诺。"我听后很是欣慰，因为他说到做到了，他说："老师你可以让我来学习吗？因为我刚刚才查询到分数，但是课程名额已经满了，你能给我多增加一个名额吗？"作为一名老师，我必须兑现承诺。子豪同学信守承诺，让我记忆犹新并深受感动。

社会上有一种衡量他人诚信的方式：如果一个人很容易获得别人的帮助，说明他平时的信用不错；如果一个人很难得到帮助，说明他的信用可能出过问题。信用本身就非常“值钱”，所以银行有种卡，叫作“信用卡”，即凭借自己的信用预支未来的钱，而这信用则多少来源于个人曾经信用的积累。

相信大家都听说过《狼来了》的故事，当一个人信用不断出现问题的时候，最后就没有人会相信他了！创业这么多年来，我对自己也有信用的要求，我觉得一个人说话一定要算数！在13年的经营过程中，难免会遇到各种困难，也会遇到资金有压力的时候，可是无论遇到怎样的压力，哪怕是借钱，我也要把工资按时发放给员工，因为这是一份信用。也正是因为这样的信用，在经营中遇到资金不足，我去向团队募集资金的时候，大家也都会带着极大的信任参与。

所以，我们要遵守承诺，答应别人的事情要做到。在现实生活中，我们的信用不足更多地体现在一些所谓的“小事”上。例如，和别人约好了时间却迟到，答应别人的事情却没有办到，答应出席的活动却临时不出席，等等。有件让我印象深刻的事情，每次我们举办公益活动，大概只有60%拿到票的人会出席，另外40%的人领了票却不出席，这点就可以看出一些人对于承诺的不重视。可是多年前的一件事，让我记忆犹新，同样是一场公益讲座，有位妈妈冒雨带着孩子来退还免费的公益票，因为孩子的爷爷生病了，一家人要赶回老家，所以没法出席公益讲座了。她和孩子希望把票给到需要的人。这件事情让我很感动，这就是信守承诺的教育。我相信，这位妈妈通过自己的言行在孩子心中种下的这颗诚信的种子，一定能够让孩子终身受益。

同样，父母和孩子之间也要信守承诺。我发现很多父母答应孩子的事情没有做到，例如，答应孩子考得好可以出去玩却没有兑现等。很多孩子答应父母的事情也没有做到，例如，答应父母玩游戏只玩 30 分钟却迟迟不愿意放下手机。就是在这样的过程中，自己的诚信受到了影响，导致孩子不信任父母，父母不相信孩子。

所以，青少年们，切记：一定要信守承诺，才能收获信任。信任你的人越多，成就你的人也越多！

No.23 尊重他人，得到尊重

台湾著名导演李行曾经讲过这样一个故事。有一位著名的男演员，演技很好，也很有名气，但是他十分喜欢耍大牌，在拍摄期间不守时、迟到的现象时常发生。有一次拍戏，所有的演员都到了，唯独缺了他。这个时候，导演对大伙儿说道：“等他。”十分钟、二十分钟、半个钟头、一个钟头……几个钟头过去了，这位男演员才姗姗来迟，并且他的脸上没有一丝的歉意。导演没有骂他，但是也没有开工，而是在他的面前站了起来，对所有的人说道：“好了，收工！”于是灯光全灭了，大家全走了，只剩下那位男演员呆呆地站在场子的中间。按道理说，一位演技好、名气高的演员应该受到许多人的尊重，但是这位自傲的男演员却因为不尊重他人的时间而没有得到尊重。可见，地位、财富等并不是获取尊重的关键。

德国心理学家艾宾浩斯曾经做过下面的实验：

他在圣诞夜的前夕随机挑选了一群素不相识的人，给他们寄去了圣诞贺卡。开始的时候他并没有对回音抱有太大的希望，但是随后发生的情况在他的意料之外：大多数收到贺卡的人，甚至都没有去打听一下他是谁，就自动给他回寄了一张。

这就是心理学上著名的互惠实验，该实验表明，人们彼此之间的感觉是相互的，你怎样对待别人，别人就会怎样对待你。由此我们可以推断，如果我们尊重他人，他人也会用尊重的态度对待我们，反之亦然。

当前社会，随着经济的高速发展，人们的物质越来越丰富，却也使得一些人弄丢了尊重他人的素养。所以，我们需要反思，哪些地方应该让尊重归位。

在餐厅吃饭，特别是在周末和过节的时候，顾客会特别多，常常看到服务员忙得没有片刻的停歇，有时候会出现上菜不及时的情况。这时有些顾客便会等得不耐烦了，对着服务员大呼小叫起来，身旁的孩子也跟着附和，有些孩子对着年龄大他们很多的服务人员，直呼“服务员”，而不称呼“阿姨”“叔叔”。其实，一个“阿姨”的称呼便可反映出孩子对他人是否尊重。所以，在餐厅耐心等待用餐的时候，善待每一个忙碌中的服务人员，也是尊重。

在城市的道路上，在景区的陡坡上，甚至在高速公路的路边，经常会看到人们随处乱扔的垃圾。早晨起得早的时候发现清洁工凌晨便开始忙碌了，在爬山途中发现景区环卫工要翻越到护栏外去捡游客随手扔的垃圾，在高速公路上看到清洁工在呼啸而过的车辆间清理垃圾。

所以，珍惜他人的劳动成果，不给他人添麻烦，这就是尊重。

艺术家在音乐厅进行表演的时候，我们或西装革履或安静聆听或热烈鼓掌以显示出尊重。在城市的街头，无论国内还是国外，都有街头艺人，他们有的拉着小提琴，有的弹着吉他，也有的人进行行为艺术。面对这些通过自己的努力而奋斗的人，我们也当心怀敬意。如果感兴趣，我们可以驻足欣赏，然后给予一些欣赏的费用；如果不感兴趣，也无须嗤之以鼻。这就是尊重。

在人与人的交流中，我们经常会因为太熟悉了而忽视对方的存在。当有人和我们讲话的时候，我们经常会看着周围而不看着对方的眼睛；当有人和我们聊天的时候，我们经常会拿出手机来看而不够专注；当有人和我们谈话的时候，我们坐姿不端正。这些都会让对方感受到不被尊重。所以，与人交流的时候看着对方的眼睛，这就是尊重。

尊重在哪里？首先在我们的心里，其次表现在点滴的行为上。

带领学生在美国游学时，我遇到一位叫莫妮卡的老师，她已经教学 37 年了，但她讲完课后，居然主动向我请教她课程需要提升的地方，这种谦逊的态度就是尊重。当我给她建议的时候，她专门拿了一个本子用心地记录，这样的行为就是尊重。当我们在交流的时候，她的眼睛一直注视着我，这样的眼神就是尊重。所以，时隔 3 年多了，我依然对她十分敬佩，这样的敬佩便来源于她对人的尊重。

所以，青少年们，让我们从点滴小事开始，学会尊重他人，相信自己也会因此得到他人的尊重。

No.24

心怀感恩，贵人相助

“感恩”这个词的两个字下面都有“心”，所以感恩需要发自内心。“恩”的上方是个“因”，我认为，感恩本身会种下一个个善因。

在我的生命中，常常得到贵人相助，对于帮助我的人，我会一直铭记在心。在我刚创业的时候，有一次需要筹借 30 万元的费用，使用 3 个月的时间。当时我便找到了一位关系很好的企业家朋友，他不仅生意做得好，为人也非常好。我这个平时不太开口和人借钱的人，向他说了自己的困难，并希望请他帮忙，没想到他立刻就答应了，当时我真的好感动！ 3 个月之后，我准时把钱归还了，同时还带了礼物去感谢。后来，每次见面吃饭的时候，我都会端着酒杯去感恩，到了第三次见面继续感谢的时候，他说：“兄弟，你别和我客气，以后需要钱就跟我说。”由此可见，感恩可以让美好的事情不断出现。在我和他相处的时候，我发现他也是一个特别懂得感恩的人。因此，他才能从白手起家做到现在拥有规模很大的企业。所以，懂得感恩的人，运气都不会差。

我曾经看过一个关于急救的纪录片，纪录片讲述了这样一个故事。一个姓邹的 24 岁小伙子，因为吃海鲜中毒而导致肠道大量出血，十几个医生用尽了各种方法，轮流做心肺复苏，紧急调配血浆，最终还是没有能够救下他。在他离世后的第一个中秋节，小伙子的妈妈给当时参与救治的医生们发来了短信：“目前家人们已经能够接受这样的结果，感谢所有医务工作者的付出，谢谢你们，祝福中秋快乐！”当参与急救的工作人员收到这样的短信时，心中充满了感动和宽慰，因为无论能否救活生命，他们尽力的辛苦付出都得到了患者家属的理解和感恩。

当下生活中，有些人却不懂得感恩，觉得一切都是理所应当的。

有些人向别人借钱，没有诚信，到了该还钱的时候找不到人，不仅没有感谢，还把帮助自己的人推向了困境。后来因为自己的诚信出了问题得不到援助的时候，还抱怨大家不肯帮助他，这便是没有感恩心。当我们有困难请别人帮助的时候，如果别人帮助了我们，我们应该心怀感恩；如果别人没有帮助，那是别人的权利，我们也应理解并且说谢谢。

有些孩子不知道感恩父母，觉得父母为自己做的一切都是应该的。父母常常早起给孩子做早餐，父母常常风里来雨里去地接送孩子上下学，父母常常自己舍不得吃穿，却给孩子提供很好的条件……作为子女，难道不应该感恩吗？所谓的孝顺，只有“孝”的人才能“顺”，所以，一个不懂得感恩父母的人，很难有好运相伴。

对于国家，我们同样应该心怀感恩。我们当下的和平生活是建立在祖国繁荣昌盛的基础上的。我们坐着高铁出行的时候，可以在各个风景点游览的时候，后面有着祖国的支撑，还有很多战士的保卫。每到过年的时候，都有很多边防战士无法回家和家人团聚。有了他们的付出，才有我们当下的安稳，我们应当心怀感恩。

感恩是相互的。我每次讲课的时候，会有听众感恩我，实则我内心也充满了感恩：对听众的感恩。因为如果没有听众，我连讲课的机会都没有；感恩爱自然生命力体系，因为有了它才让我有缘和全国这么多做教育的人在一起做点事情；感恩青少年朋友们，因为你们的青春活力让我们更加有动力前行。

如果发现自己身边的贵人少了，觉察一下，是不是自己的感恩心少了。对于国家、对于父母、对于老师、对于帮助过我们的人，请常怀感恩之心！

有个企业家告诉我，以往每到过年，他都会给他资助的学生们送礼物，有些同学会写信感谢他，而有些同学则没有任何的感谢之言。随着时间的推移，他发现，那些懂得感谢的孩子往往会有更好的发展，而那些得到再多的帮助也觉得理所当然的孩子往往发展平平，而他也不愿意继续帮助那些没有感恩之心的孩子了。

所以，青少年们，常怀感恩之心，记住帮助过我们的人，才会有更多的贵人出现在我们的生命里。

No.25 发心利他，了无私心

与这个主题相关的内容，我曾在前面介绍稻盛和夫的人物事迹时重点讲过。稻盛和夫在其人生选择中，经常将“发心利他，了无私心”作为自己判断的标准，而做到这点，十分难。因为我们每个人都有自己的欲望和私心，而这些并不都是不好的，比如，我们希望自己生活幸福，希望收入颇丰，希望可以让家人生活得更好……这些都是一种人生的追求。那为何在此我还要提到“发心利他，了无私心”呢？

发心利己，可以有一些小的成果，如果想有大的成果，则需要“众生”把“小我”去除掉，这样才符合“道”。所以《道德经》第七章写道：“天长地久。天地所以能长且久者，以其不自生，故能长生。是以圣人后其身而身先；外其身而身存。非以其无私邪，故能成其私。”翻译成白话文意思是：“天长地久。天地能够长久存在的原因是，它们在运行中不去强求自己的生存，这样才能够长久存在。因此，圣人总是把自己的利益放在后面，结果自己成了首领；把自己的身体、生死置之度外，反而能够使自己的性命得到保护。这不正是由于他不自私吗？所以这样做反而有助于成就他的自身。”这段话告诉我们，天地不为了自己，而是一直在付出：给我们居住的地方，给我们种植的土壤，给我们旅行的风景，却没有要求我们给任何的回报，可天地却因此而长久存在。老子一直希望我们向自然学习，因为自然中有很多的“道”，用心去“悟”，可以给我们的人生带来很多的启发。

很多时候，利他是在利己，利己则往往会害己。有家餐饮店为了提升营业额，总是让顾客多点菜，而且建议顾客点的都是利润率最高的菜，顾客往往吃不完而且会花不少钱。慢慢地，这家店的生意开始萧条。而另一家店，在顾客点菜的时候，总想着顾客的利益，当见到顾客点菜多的时候，便建议顾客可以少点一些，不够可以再点，并且还准备了一些半份的菜肴，让顾客可以多尝试各种口味还不至于浪费。结果这家店的生意反而越来越红火。

利他的人会站在别人的角度考虑问题，往往也会得到大家的支持。我有个学生丽娟，曾经的她，考虑问题只会从自己的角度出发，希望别人对自己好，并且总是看到他人的不足。我引导她，孔子说“己欲立而立人，己欲达而达人”“己所不欲，勿施于人”，如果你希望别人怎么对待你，那么你应该首先用这样的方式去对待他人。最近我们再交流，她说自从她改变了考虑问题的角度，多和他人换位思考并且看到他人的美好后发现，更多的美好也在她的身边发生了，当她不断帮助他人解决问题并且给他人带来价值的时候，她的智慧和价值感也增加了。所以，让别人赢自己才能赢，成人方能达己。

当然，请大家一定注意，发心利他并不是答应别人的所有条件。在生活中，有些人不会拒绝，比如，员工做错事情，做老板的却不好意思批评，更不好意思开除；有些事情有的人明明无法做到却不懂得拒绝，还认为这样的做法是“利他”，实则不然。我也经常会这样。这种时候，我会反问自己：到底是利他？还是利己？因为在意别人的想法和看法，因为自己的恐惧和害羞，而不能够真实地面对问题，这后面是自己的私心，而非利他。

利他，应该是把自己的私心放下，私心包含自私、恐惧、贪心、害羞等，然后客观地判断事情，做出有利于更多人的决定，而不是一味地讨好他人。

利他的最终受益者是自己。因为利他之后的了无私心，会让自己更加纯净，因纯净而没有了杂质，就能时刻感受到喜悦。

有些老师在讲课的时候，神经就会变得很紧张，总担心自己讲不好。有人来问我怎么办。其实我也曾经遇到过这样的情况，后来我发现，如果总担心听众对自己的评价，是在乎自己多了，便会不自在。我们讲课的时候不应当关注自己是否重要，而应该想方设法让大家在听完课后，身心都受益。这么一想，便可以如释重负，从容以对，创造越来越多的精彩。

每个人都有对自我执着、自私的一面，日常生活中发生的许多冲突，其实就是我们常常以自我为中心导致的。

如果凡事从成就他人的角度出发，就能破除那些顽固的“我执”，就会发现很多美好的事情将不期而至。人的所有快乐，是从利益他人中产生的；人的很多痛苦，是由只为自己的自私引起的。明白了这一点，并学会身体力行去实践、改变，站在对方的角度去思考，就会越来越幸福。《大乘庄严经论》中讲道：求自乐的人不但不会快乐，反而会经常产生痛苦；求利他的人不但自己快乐，而且事业容易圆满成功。

所以，青少年们，希望大家通过此篇了解利他的益处，放下小我，成就更多人，最终自己也被成就。

No.26 境由心转，相由心生

这个世界虽是一样的，但是我们看到的世界却是不一样的，因为每个人的心不一样。同样的世界，有些人幸福，因为总可以发现美好的存在；有些人不幸，因为再美好都不曾被看到。所以，如果我们的心中没有美好，便很难感受到美好的存在。

在课堂上，我问大家：“今天早晨洗脸了吗？”，大家乐呵呵地举手示意洗过。我再问：“今天早晨洗脑了吗？”，举手的人开始少了。有个举手的孩子告诉我，他洗脑用的是海飞丝，全场爆笑。很多人不喜欢“洗脑”这个词，实际上我们应当多多地洗脑。我们每天起床的时候，眼睛多了一些眼屎，皮肤多了一层油，需要及时清洁，所以，洗脸解决我们外在的问题。而我们的心灵，也会随着岁月的沉淀，积累一些负面的内容，多多“洗脑”，可以让我们的内心世界更加光明。

怎么洗脑呢？有些同学清晨起来对自己说：“今天真没意思，还要上学，还有那么多的作业要做，班主任老师那么严厉，下雨天上学也不方便，唉！”带着这样负面的情绪起床，难以收获美好的一天。如果我们这样和自己对话：“哇！今天是全新的一天，我身体健康，可以上学，班主任对我们严格要求是为了我们好，下雨天空气更加清新，我要为自己的未来奋斗。嘿，起床喽！”如果多用这样正面的方式和自己对话，相信会收获更加美好的一天。

所以，境由心转。外在的世界，因为我们内心的解读不一样，带来的感受也不一样。心大了，事情就小了；心小了，事情就大了。走在路上，常发现有些人会因为很小的事情发生争执，比如骑车时不小心碰到了，根本没有产生严重的后果，却一直在吵架。其实换个心态想想，大家都不是故意的，碰了一下也算是此生的缘分，相互体谅一些，彼此认识一下，交个朋友，比吵架来得更加有意义。所以，如果我们看周围的人都是顺眼的，自己才能够开心起来；如果我们看谁都不顺眼，看什么事情都有问题，我们的心也会随之烦躁。

生活中，并非所有的事情都会如我们的意，这时候就需要我们对其有正面的解读。有一回带学生们去新西兰游学的时候，我们特别安排了一天住在世界著名的星空小镇上，因为在那儿可以看到满天的星星，还可以看到银河。所有人，包括我在内，都特别期待，我们也预定了很好的别墅，准备美美地欣赏满天的星空。可遗憾的是，天公不作美，当天晚上下雨，除了乌云，我们什么也没有看到。第二天在车上，我和同学们分享我在高中时听到的一句话：“也许我们不能改变天气，但是我们可以变换心情。”如果我们一直为错过繁星而遗憾，我们也将错过今天的太阳。现在想来，看不到繁星真的是一件好事啊，因为懂得一个道理远比看一次风景重要。经过这样的事件，相信孩子们能够更加理解什么是“境由心转，相由心生”。有位叫谭嘉琪的同学回国后，在一次陪妈妈购物时，逛了好久都没有买到称心的东西，妈妈有点沮丧，嘉琪对妈妈说：“我们不能改变没有买到喜欢的衣服的事实，但是我们可以改变我们的心情，来享受这次购物的过程。”妈妈感叹，孩子真有智慧！

所以，请多用正面的、积极的心态来面对生活中的一切，相信一定可以感受到更多的美好。

如果遭遇批评了，告诉自己这是好事，因为批评可以让我们反思自己；

如果遭遇委屈了，告诉自己这是好事，因为委屈可以扩大我们的心胸；

如果遭遇苦难了，告诉自己这是好事，因为苦难可以磨砺我们的意志；

如果遭遇烦恼了，告诉自己这是好事，因为烦恼可以开启我们的智慧；

如果遭遇贫穷了，告诉自己这是好事，因为贫穷可以促使我们奋斗；

如果遭遇坏事了，告诉自己这是好事，因为坏事背后往往有好事存在。

所以，青少年们，带着一颗乐观、积极的心看待周遭的一切吧！境由心转，相由心生，当心明亮了，周遭的一切都会好起来！

No.27

贫穷富有，无须比较

为什么我们经常感觉自己不幸福？原因之一是我们的比较心。因为比较，总觉得自己不如别人；因为比较，总觉得自己拥有的不够。所以，比较带来的挫败感、失落感、无价值感让我们内心不舒服，继而感觉自己不幸福。

从某种意义上说，不存在绝对的贫穷和绝对的富有，贫穷和富有都是比较产生的概念。我们当下的物质条件和许多年前的条件相比较，绝大部分的家庭都是十分富有的。我妈妈和我提起她们小时候的生活，经常饿肚子，只有在春节的时候才能见到荤菜，而现在我们的餐桌上几乎顿顿都有肉。可是即使如此，有些人还是觉得自己很穷。为何？因为身边有更加富有的人。

这样的比较不是完全不对，因为追求富裕的物质生活会让我们更加努力地去奋斗，这是积极的一面。本文要倡导的是，我们在追求更好的同时，不要因为比较而错失了对当下美好的发现。

比如，一个人在拥有一辆自行车的时候会羡慕有汽车的，觉得自己没他幸福；等到了有汽车的时候就羡慕有私人游艇的，觉得自己没他幸福；等经过拼搏有了游艇的时候，发现还有人有私人飞机，觉得自己没有他幸福；终于有一天拥有了私人飞机，可是已经老了，又羡慕那些可以青春洋溢骑着自行车的人，而他曾经也是那样的青春洋溢，可却没发现自己拥有的幸福。

所以，人生的每个阶段，都有它的价值！不要总是和别人去比较，在比较中丢失了自己。在金钱上如此，在学习上也是如此。如果发现别人的学习成绩比自己好，不要羡慕，更没有必要嫉妒，也不要因此否定自己，只要在借鉴他人的基础上成长自己就好。人生不是一个超越他人的过程，如果总是想超越别人，那么这件事情永远都没有尽头，因为地球上人那么多，还有古代的人，我们怎么可能超越得了？人生应该是不断超越自我的过程，让自己的今天比昨天好，让晚上的自己比早晨醒来的时候好。也不是说比较就不对，而是不要陷入比较的自我否定和不满足里，而应通过和他人的比较来了解自己的不足，带着平和的心态不断地提升自己，这样的比较才有意义。

曾经看过一篇高考满分作文《每一个生命都无须比较》，摘录其中的段落与大家分享：

记得被誉为“教授之教授”的陈寅恪先生说的“只要能学到知识，有无学位并不重要”的名言吗？我们实在无须时时与人比成绩较高低，做好自己便是王道。看看民国时期的梁漱溟、金克木、沈从文、钱穆等一大批后期发奋的低学历的大师便知，强者从来只用实力说话，无须靠分数或一纸学历来证明。

你可知道，再美好的人生也经不起比。毕淑敏说："没有人能替代我，就像我不能替代别人。"因此，无须拿连小板凳也做不好的爱因斯坦跟"发明大王"爱迪生比，不必拿考清华时数学只得了15分的钱锺书跟"数学天才"华罗庚比。正如每一片叶子都是独一无二的，每一种人生也都是无与伦比的。

你要做的是尊重和欣赏，而不是比较和责难。因为人生不是宫廷剧，更不是角斗场，非得比得筋疲力尽，斗得你死我活才能收场。人生曼妙的风景就在高低起伏、峰回路转之间，生命的精彩就在山穷水尽、柳暗花明之际。成就非凡人生的是一次次的脱胎换骨，是一次次的破茧成蝶，而非一个个分数、一张张试卷。

没必要热衷于一次次与别人较真，那会迷失了自我。也没必要把最好的我和一般的我比较，那会陷入自卑。100分我自豪，98分我同样优秀。56分我无颜，可61分我在进步。100分有100分的特有精彩，61分有61分的别样风情。

正如朝霞之壮丽，落霞之斑斓，春花之灿烂，秋叶之静美，天地间每一种生命都自有其美好，你只需要笑着去尊重和欣赏，而不是在简单粗暴的比较中抡起你的巴掌。

所以，青少年们，看到自己拥有的美好，无论贫穷富有，都是生命重要的一次经历，好好珍惜，活出绽放的生命。

No.28 控制情绪，理智面对

一个人如果没有办法控制自己的情绪，无论在某方面多有才华，都很可能因为一次情绪的失控让自己落入黑暗的深渊。

情绪失控是一件非常可怕的事情，它能让一个人瞬间变成魔鬼，不管这个人平时多么温顺和善，在情绪到了临界点时，如果没有控制好，都会做出一些疯狂的、自己平时想都不敢想的举动。现实生活中有许多因情绪冲动、情绪不稳定导致的惨案。

2018 年 10 月 28 日，行驶在重庆万州长江二桥的一辆 22 路公交车上，一位女性乘客因为坐过站了，希望司机停车，但是司机因没到站点不可随意停车，因此发生了争吵。在争吵中事件升级，最终两人发生了肢体上的冲撞，公交车突然越过道路中心实线，撞到对面一辆小轿车后，坠桥沉江。车上 15 人被夺去生命。

在后续的报道中，有一篇中说道："成年人的世界，请以理智和冷静做事。孩子们的世界，请教会他们克制和理智。别让冲动，挡住你回家的路。"

这样的惨案虽是个例，但是类似的情绪失控事情几乎每天都在发生，在我们身边也时常出现。学习压力大、受到不公正对待、因为误会产生口角……这些都可能把我们的情绪带动出来，当克制不住的时候，人在情绪爆发那几秒钟，特别容易做出冲动的举动。

美国情绪管理专家罗纳德博士曾经说过："研究表明，暴风雨般的愤怒，持续时间往往不超过 12 秒，爆发时摧毁一切但过后风平浪静，我们需要学会如何控制和排解这 12 秒。"但是不少人没能躲过这 12 秒。冲动是魔鬼，人一旦被情绪控制，就会化身魔鬼，行为就不受控制，给自己和家人带来无法预料的灾难，事后再后悔都于事无补。

一念天堂，一念地狱。千万别小瞧情绪的力量，情绪不稳，就像一颗定时炸弹，随时都会有爆炸的可能。它可能日积月累，像滚雪球一样越来越大，也可能就是一瞬间的事。一句话、一个动作都可能引发一场悲剧。

在品格课程中，我们告诉家长和学员，要先处理心情，再处理事情。如果遇到事情，考虑三天，再不行三小时，实在不行三分钟，再不行哪怕考虑三秒钟，再做决定。不要小看这短短的哪怕三秒钟的时间，它能够大大降低我们负面情绪的程度。或者在情绪爆发的时候，离开现场，这样也有助于我们将情绪转化掉。

当然，以上的方法是应对情绪爆发时候的举措，真正的情绪控制应当在于日常的修行。重庆的那位女乘客，平常性子比较烈，嘴上不饶人，所以为这场灾难埋下了隐患。即使坐多了一站，若能够平和一些，或者哪怕争吵几句后能够及时控制好情绪，这样的悲剧便不会上演。一个人的情绪失控不仅仅让自己和家庭受到了伤害，还殃及 15 个无辜的生命以及他们背后的家庭。

一个人的情绪往往会受到家庭的影响，特别是父母的影响。所以，情绪是需要全家共修的，情绪也会在家庭和集体中相互感染。

洋洋今天一整天都不开心，这事还得从早上说起。洋洋的爸爸因为洋洋妈妈今天做的饭菜咸了，说了句："你怎么做的饭，不是咸就是甜，能好好做饭吗？"洋洋妈妈一听不乐意了，把碗筷一扔："想吃饭就闭嘴，不想吃就给我出去！"然后开始数落他的一堆毛病，洋洋爸爸说不过洋洋妈妈，胡乱地扒拉了几口饭就上班去了。洋洋吃完饭后收拾书包，可能洋洋妈妈的气还没消，冲着洋洋大声说："收拾个书包也这么慢，再这么慢以后你自己走着去学校！你们爷儿俩没一个让我省心的。"然后又唠叨了一堆洋洋的毛病。洋洋莫名其妙，觉得今天自己没做错什么啊。洋洋妈妈送洋洋上学的路上，走在一个路口，一个小姐姐让路慢了点，洋洋妈妈就骂道："这么大不会走路啊！"在学校课间玩耍时，有一个同学不小心撞到洋洋，还没等同学道歉，洋洋直接骂了句："怎么走路的，没长眼睛啊！"同学也生气了，两人就打了起来，最后被老师叫到办公室批评，双方都被叫了家长。回到家，洋洋爸爸妈妈对洋洋又是一顿批评，洋洋心里更是十分烦躁，大哭大闹后把自己关在屋里，屋外洋洋爸爸妈妈还在相互指责。

顺瓜摸藤，顺藤摸根，这一家子的烦心事，其实就是因为早上一句话引发的，若是洋洋爸爸不说那句话或不那样冲地说话，洋洋妈妈就不会发脾气，洋洋妈妈不发脾气就不会唠叨洋洋，洋洋肚子里就不会一直憋着火，冲同学发火。仅仅是因为一句话引得大家都窝火了一天，若不及时将负面情绪排解出去，类似这一天的糟心生活还会不断地循环下去。

所以，青少年们，控制好自己的情绪，先处理心情，再处理事情。做一个智慧的人，理智地面对糟糕的事情，用积极的心态，将坏的情绪转化为好的情绪。

No.29 知足常乐，感受幸福

《道德经》三十三章说：“知足者富。”这里的“富”不光是金钱上的富有，更是内心的富足。同样的事情，不同的人会有不同的感受。例如：一个亿万富翁，捡到了 10 000 元钱，他不会因此而感到高兴；一个乞丐，已经好几天没吃东西了，突然也捡到了 10 000 元钱，这时候他会觉得老天在帮他，可能兴奋得睡不着觉。同样是 10 000 元钱，有人不屑一顾，有人感恩。发生同样的事情，我们内心的感受却不一样，因为只有知足的人才能真正感受到快乐的随时相伴。

在讲课时，我问大家：“有多少人觉得自己在教育孩子的过程中不幸福甚至痛苦的？”很多家长举起了手！我便请他们说出自己的痛苦，他们说道：“孩子现在经常玩手机到深夜，自己管不了，所以痛苦。”“孩子现在辍学在家，所以痛苦。”“孩子脾气不好乱发火，所以痛苦。”……看着大家愁眉苦脸的样子，我的内心也为之痛苦起来。

我随之给大家分享了一个真实的故事。

在我身边，有一个很可爱、学习也很好的女孩，一年春节突然感冒并且诱发心肌炎，引起了心脏骤停，父母立刻把她送往上海最好的医院治疗，大家的捐款也达到了100万元，可以准备换心脏。可是几个月之后，病魔还是带走了这个小女孩！家人的痛苦可想而知！

如果现在对这个女孩的父母说：你的孩子天天在家玩游戏，脾气不好乱发火，甚至都不肯上学了！请问她的父母会是怎样的感受？我想她的父母一定会说：“随便她如何，只要她在我身边健康地活着就好！”

所以，当我们的孩子可以健康的在我们身边的时候，我们已经很幸福，也很幸运了！所以，痛苦往往都和期待有关，我们看不到自己拥有的，却总关注自己没有的。

这本书，不光是写给青少年看的，我也希望父母可以和孩子一起读。也许有的父母读到这儿，会觉得我是为孩子的一些偏差性行为找借口。其实不然，我只是希望大家可以感受到身边美好的存在，而不是把焦点集中在不好的事情上，因为那样只能带来焦虑、烦恼，无助于事情的解决。相反，当我们开始接纳的时候，美好的事情便开始发生了。

作为青少年，我们也需要知足。我经常听到同学们抱怨：现在学习压力很大，作业都做不完，考试成绩经常让自己伤心……要知道，人只要活着，在任何阶段都会遇到各种问题，所以，我们当代的青少年要明白，我们真的已经很幸福了！

为何？我们看历史，100 年前整个中国处于军阀混战时期，各种战争频发，而后又经历了抗日战争和解放战争……我们没有经历战争的残酷，这便是幸福。

在台湾时，我听到一个老兵的故事。15 岁的李轩被母亲叫去打酱油，恰逢国民党大部队撤退台湾，他被抓了当壮丁。在胁迫、恐惧、无奈中，他登上了一艘拥挤、破旧的船。船上都是像他一样刚被抓的壮丁。26 岁就当了父亲的张哥，家有一双儿女，女儿才 1 岁，他一路都在哭泣：“我的孩子，我的孩子，从此你们没爸爸了。”船上哭声、喊声、叫骂声，声声不断。这一去就是 50 年！“一湾浅浅的海峡，儿子在这头，母亲在那头”，一瓶酱油还在手，母子间却咫尺天涯，开始了日久经年的煎熬和等待。

1999 年的一天，李轩终于有了机会可以回大陆探亲。从 15 岁被掳至台湾，到 50 年后的两鬓染霜。他天天盼着和父母团聚，回到亲人的身边，这一等就是半个世纪！当回村知晓父母都已经去世的消息后，李轩对灯枯坐，一夜无眠。第二天，李轩来到十几里外的父母墓地，“扑通”一下跪倒在地：“妈妈，爸爸，儿子不孝，离开你们 50 年，今天我回来了！”他不断地磕头，直到磕得头破血流。李轩蹲下来挖了一个小坑，拿出了一个装满酱油的瓶子。小心翼翼地将瓶子深埋，对着墓碑再次跪倒在地：“妈妈，您要的酱油我给您打回来了！”

生活就是一种活法，快乐就是一种状态，幸福只是一种满足。但是我们把活法演变为物质的比拼，把快乐定义为欲望的状态，而拥有的一切赶不上欲望的节奏，苦自然而来。

现在我们的家人都陪在身边，我们应该珍惜这样的幸福，而不是家人在身边却不珍惜，总是相互争吵甚至成了仇人，好好珍惜自己的家人吧！

我们今天讨论知足，不是要大家没有追求，而是告诉大家要珍惜已经拥有的美好，而不是总在自怨自艾中浪费自己的大好时光而最终悔恨！

所以，青少年们，知足者富。如果我们有一双明亮的眼睛，就多去看看这多彩的世界；如果我们有一个健康的体魄，就多去游历祖国的大好河山。好好读书，好好创造，在享受当下的知足中创造更多的美好！

No.30 失败不败，正常面对

在 2015 年访问以色列时，我接触了许多犹太人。

以色列的犹太人被认为是世界上最聪明的人。我觉得他们的聪明不仅是头脑的精明，更是他们对于智慧的追求与运用。犹太人在人类史上经历了很多的磨难，从 3 000 多年前摩西带着犹太人走出埃及，到“二战”时期犹太人被纳粹屠杀，犹太人一直经历着失败和灾难，可是他们总是能够从灾难中走出来。现在，犹太人遍布世界各地，虽然犹太人人口数量不占优势，却是世界上获得诺贝尔奖人数最多的民族。还有许多我们耳熟能详的科学家、哲学家、文学家、艺术家、企业家：爱因斯坦、弗洛伊德、毕加索、格林斯潘、基辛格、斯皮尔伯格、巴菲特、扎克伯格……这些响当当的人物，全都是犹太人。

几乎每个犹太家庭的孩子都要回答这样一个问题：“假如

有一天你的房子被烧毁，你将带什么东西逃跑呢？”要是孩子回答是钱或钻石，母亲将进一步问：“有一种没有形状、没有颜色、没有气味的宝贝，你知道是什么呢？”要是孩子回答不出来，母亲就会说：“孩子，你要带走的不是钱，也不是钻石，而是智慧。因为智慧是任何人都抢不走的，你只要活着，智慧就永远跟着你。”犹太人一心追求智慧，并以不同寻常的方式运用智慧来谋生，代代相传。

犹太人的智慧很多，大家有机会可以读一读《塔木德》这本书。在以色列，我常看到以色列父母会带着孩子们讨论这本书。本篇中，我们重点探讨以色列人对待失败的态度。

很多时候我们害怕失败，认为失败是不好的事情，如果从事情结果的角度来讲，的确如此。如果从一个人成长的角度来说，失败却可以引发我们的思考，可以磨砺我们的心性，可以给我们带来机会。

以色列的父母会对孩子说：“失败是再正常不过的事情！”他们能够正确地看待失败，认为失败有失败的价值。

犹太人强调每件东西都有用处，关键在于人对它的发掘、转换和变化。好东西不是绝对的好，它也必定会有一些缺陷；坏东西也并不是绝对的坏，它也有自身的用途。

犹太人不但纪念胜利喜悦的日子，也纪念败北屈辱的日子，他们相信：只要记住失败的那一天，就会产生强大的力量。犹太人认为，遭受的苦难越深，败北的次数越多，就会变得更加坚强，逾越节（犹太的节日）上吃苦菜和未发酵的面包就是为了回味当时的苦难。

犹太人面对失败、挫折的法则是：对失败持正确健康的态度，要懂得，只有经历了失败才能够获得成功，不要老是盯着过错和失败，应该把眼光放远，对准远大的目标，发现此路不通时，要想办法寻求别的出路，等待机遇，伺机而动。

为何以色列的发明创造多呢？其中一个原因是：不怕失败，遇到问题聚焦解决，不断尝试，最终得以成功。以色列的土地是贫瘠的，贫瘠到让人感受不到一点湿润的味道，这样的条件树木难以生长。可是以色列人发明了滴灌技术，给每棵树都通上了水管，看着这个国家枯黄的土地上绿意盎然的植被，我充满了敬佩。后来，以色列将滴灌技术卖给了中东很多国家，带来了可观的收入。世界上最早出现的即时通讯软件 ICQ，就在 1996 年诞生于以色列的 Mirabilis 公司，那个时候还没有 QQ、MSN。

如果一个人害怕失败，便很难有创新，因为所有的创新必然经历很多次失败；如果一个人害怕失败，便会裹足不前，为了追求安全感而不去闯荡；如果一个人害怕失败，便会在某次失败中消沉下去，继而让自己的生命没有光彩。

告诉自己，考试失败很正常，可以明白哪些题目自己没有掌握好；登台表演失败了很正常，多了一次历练的机会，以后便会更有经验；推销物品失败了很正常，每次的拒绝都可以让我们的心胸更加开阔。

所以，青少年们，拥抱失败，拥抱智慧，带着智慧从失败中走出来将收获更广阔的天地。

No.31 遇到困境，微笑面对

这篇内容似乎和上篇有些类似，一个谈面对失败，一个谈面对困境，可也有些不同，失败往往是自己选择做而没有做成，困境却往往是自己不能掌控的。疾病是困境、天灾是困境、经济危机是困境，我们往往无法改变困境本身，只能改变对困境的看法，微笑面对，然后从困境中慢慢走出来！

可是，现在很多人，包括青少年，遇到困境和挫折的时候，常常难以走出来，有的甚至因为困境而得了重度抑郁症。我曾经在扬州与樊登老师面对面交流，樊登老师说："我要讲一本叫《反脆弱》的书，因为世间的脆弱越来越强，世界充满了随机事件，例如，美国'9·11 事件'、印尼海啸、汶川大地震，等等。在一个不确定的世界生存，我们要有应对之道，反脆弱便是其中的应对之道。这本书有些深奥，感兴趣的可以买来阅读。"

为了便于学生理解，我设计了一个"反脆弱"互动。在讲座现场，我会问："哪些同学压力大？"记得在一个初三年级，一下子上来十几个小伙子，都表示压力很大，我选了其中的一位，给了他一个鸡蛋，让他砸向地面，他退后了几步，狠狠将鸡蛋砸了出去，鸡蛋碎得稀巴烂。我问他："为啥使那么大劲？"他回答："释放一下压力！"接着我问他："为何鸡蛋碎了呢？"他回答："因为有人用力地去砸，所以碎了。"接着，我又给了他一个乒乓球，让他把乒乓球砸碎，可他越砸，球弹得越高。我问他："为何你用尽力气砸，鸡蛋碎了，球没有碎呢？"他陷入了思考！这个游戏告诉我们，真正让我们碎掉的不是外力，而是我们自身。

同样的事情，对于有些人来说，也许没什么，但是对于其他人来说可能就是天大的灾难！心胸宽广的人，受委屈时，一会儿就想通了；而有些人太过于敏感，被别人批评后，总是放不下，最终得了抑郁症。

2008 年 5 月 12 日，汶川大地震。廖智，四川绵竹汉旺镇的一位舞蹈老师，被埋在废墟中长达一整天，她听着父亲的喊声从清晰到嘶哑，又从嘶哑到清晰。在一次余震来袭时，她奋力吼了出来。她说，当时就想要出去见爸爸一面，哪怕出去只剩一口气。她出来了，双小腿截肢。在那天，她同时失去了女儿、双腿和婚姻。在病房里，来探望廖智的朋友和亲人几乎都在哭泣，廖智努力忍着剧痛给他们讲笑话。面对镜头，她也是笑着。同住的病人问她："你怎么还在笑？""因为我还活着。"从截肢到治疗，到安装假肢，廖智承受了太多痛苦。疼痛的感受已经根深蒂固地和她连接在一起。2008 年 6 月下旬，重庆一位编导找到廖智，给她编了一个舞蹈——《鼓舞》，廖智觉得无论如何都要再上一次舞台。当时第一次手术的伤口还在恢复期，每次练完，包在伤口上的纱布血迹一片。《鼓舞》成功了，廖智成了美丽的英雄，演出邀约不断。很多人看到舞台上的她，却不知道适应假肢有多疼痛。2013 年 4 月 23 日，四川雅安地震后，廖智赴芦山灾区当志愿者，为灾民服务。她看起来娇弱，干起活来却十分干脆利落。当时灾区下雨，同行的志愿者还羡慕她在雨水中泡不到“脚”。现在的廖智，因为乐观遇到了好运，重建了家庭，并且有了两个可爱的小宝贝，还和丈夫一起组织了残障人士的公益聚会，分享自己的心路历程，鼓励更多肢体残缺的人找回对生活的信心。

无论我们开不开心，有些事情总要面对，那为何不开心面对？无论我们愿不愿意，有些事情总是会发生，那为何不接纳现状？一颗能够接纳喜欢和不喜欢的心，能面对如意和不如意的心，才是智慧的心，才能感受到人生真正的美丽。

所以，青少年们，遇到困境，调整心态，带着乐观之心，微笑面对，创造精彩人生吧。

No.32 换位思考，感同身受

孔子说“己所不欲，勿施于人”，指的便是换位思考。很多事情，我们站在别人的角度考虑，便能想明白了！

在《微教育》一书中，我详述过换位思考，讲课时候也会以换位思考作为开场，因为换位思考很重要！一登台，我便邀请听众给我鼓掌，为什么呢？我邀请观众来体验，第一次登台没有掌声，而第二次登台掌声雷动，几乎所有人都喜欢第二次的感觉。既然我们都喜欢被别人滋养的感觉，为何我们不多去滋养他人、成人之美呢？

可是生活中，我们常常活在自己的世界里面，考虑不到他人的感受，也因此产生了不少问题。例如，有些父母感受不到孩子目前承受的压力，孩子刚刚放学回到家，还没有关心孩子的心情便追问孩子作业写完了没有；有些老师在批评学生的时候没有考虑到学生的尊严，当着全班同学的面羞辱学生；有些孩子没有考虑父母的感受，因为吵架负气出走，结果让父母整夜担心全家寻找；有些同学没有考虑其他同学的感受，拿别人的劣势随意开玩笑还觉得有趣，完全不考虑他人被嘲笑的感受……

一个换位思考能力强的人，不会只表达自己的想法，而是可以时刻感受到别人的感受，能够设身处地地帮助他人解决问题。演讲大师拿破仑·希尔需要聘请一位秘书，应聘的信件如雪片般飞来，但这些信件大多如出一辙，比如第一句话几乎都喜欢这样开头："我看到您在报纸上招聘秘书的广告，希望可以应征到这个职位。我今年×岁，毕业于××学校，我如果能荣幸被您选中，一定会兢兢业业……"拿破仑·希尔对此很失望。而其中的一封信件给了他全新的希冀，认定秘书人选非信主人莫属。那封信是这样写的："敬启者：您所刊登的广告一定会引来成百乃至上千封求职信，我相信您的工作一定特别繁忙，根本没有足够时间来认真阅读。因此，您只需轻轻拨一下这个电话，我很乐意过来帮助您整理信件，以节省您宝贵的时间。"拿破仑·希尔说："懂得换位思考，能真正站在他人的立场上看待问题，考虑问题，并能切实帮助他人解决问题，这个世界就是你的。"

一个不懂得换位思考的人，会经常活在自己的世界里面，总想着自己的利益。开车时，讨厌行人；走路时，讨厌汽车。打工时，觉得老板太强势，太抠门；当老板后，觉得员工太没责任心，没执行力。是顾客，觉得商家太暴利；是商人，觉得顾客太挑剔。总是站在自己的角度考虑问题，而不是从对方的立场出发，总是指责、抱怨、嘲笑他人。自己还没有意识到是自己出了问题：是自己的觉察力不够，是自己没有换位思考。这不仅会给他人带来伤害，也会让自己失去很多，这样的事情在我们的生活中比比皆是。

作为老师，我也要不断地换位思考。设计课程的时候我会思考：这个游戏大家喜欢参与吗？这个故事听众会印象深刻吗？这个视频时间长度听众能够坐得住吗？不断地站在听众角度考虑，才能设计出好的课程。在讲课的时候，有些人会纳闷为什么我能进行精准的点评和启发，因为当听众在讲述自己故事的时候，我会把自己当作他们，进入到他们的内心，感受他们的感受，我便可以感受到他们的思维方式和生命状态。所以，换位思考在我们身边无处不在，能够增进彼此的连接，从而生发出很多解决问题的方法。

但凡能够成就伟业之人，都是换位思考的高手。换位思考的背后蕴含着同情心、同理心和慈悲心！什么是慈悲心？佛教说，无缘大慈，同体大悲，就是说哪怕这个人和自己没有关系，看到他开心自己也跟着开心，看到他难过自己也难过。因为看到大家不容易，所以希望让所有人都能够脱离苦海，因为这份善心便有了巨大的愿力。当代的星云大师如此，证严法师亦如此，他们都在用自己的慈悲心帮助世人离苦得乐，这便是一颗换位思考的善心。证严法师在她年轻清修的时候，来到一个诊所，看到诊所地上有一滩血，便问医生这滩血是如何来的，医生回答说，是一位从山里面来的原住民孕妇被抬了 8 个小时到达这里，因为没有钱治病在这儿停留了一会儿留下的血迹。证严法师听后，内心十分悲痛，她感受到这个女子的不容易，于是证严法师在几乎一无所有的清贫条件下，发出宏愿：

要建造一座医院，专门给穷苦的人看病。当时她所需要的资金是8亿台币（合约1.8亿人民币），这对于她来说无疑是一个天文数字。然而后来她不仅完成了这个愿望，而且带领着成千上万名义工在世界各地帮助受灾的人们。

在工作中，多多换位思考，想想客户的需求，便可以带来更好的事业成果；在人生中，多多换位思考想想众生的疾苦，便可以成就伟业。

所以，青少年们，换位思考，感同身受，收获友谊，收获事业，收获幸福！

No.33 敞开内心，主动连接

两个陌生人面对面，如果一个人不开口问好，另一个人也不开口，可能继续是陌生人；如果有一个人伸出了热情的双手，往往对面的那双手也会迎接过来，于是便有了连接。

是什么让我们有了连接呢？首先是我们的心打开了，如果我们的心不打开，不愿意和他人连接，害怕和他人连接，那连接很难产生；同时，如果我们的心到了，行动却没有跟上，不够主动，也会错失很多连接的机会！

这里并非说我们一定要去和某人连接，而是一种思维方式，因为如果没有这样敞开自我的主动，我们便会错失很多的机会。我第一次听爱自然生命力体系的课程时，便被林院长的爱与博学吸引了。课程结束后，我便紧紧跟着林院长，在他走到门口的时候，我飞快地跑到他的身边，向他做了自我介绍，那是我第一次和林院长见面。也许这样的见面，林院长已经没有了印象，但是我却因为这份主动加入了爱自然生命力体系，并且在这个体系中得到了大家的滋养、支持与鼓励。如果没有主动，有些缘分也许就错过一辈子了。

可是我们的害羞、纠结、恐惧常常让我们无法主动！在美国游学的时候，为了锻炼学生们的主动能力，我给他们布置了一个任务——在白宫门口找 20 个外国朋友合影。同学们领到这样的任务，有的兴奋，有的紧张，还有的很是痛苦，但是他们都在想办法突破自己。我发现越敞开的同学完成的速度越快，因为我们的热情会让对方感受到，我们的紧张也会让对方紧张。后来有位同学在日记中写道："我们的害羞总是像无形的手动摇着我们的内心，我总是想，我要主动、主动，没有勇气只会错过。"所以，当他们突破自己的害羞和恐惧，和一个个陌生的外国朋友合影的时候，这一张张照片都见证着他们的成长。

让主动成为一种习惯。主动地微笑，便可以收获大家的回眸一笑；主动地伸手，便可以拥有一双有力的手的回握；主动地拥抱，便可以得到一个温暖的回抱；主动地化解矛盾，便可以重新收获亲情与友谊；主动地向老师提问，便可以得到老师更多的智慧；主动地捡起地上的垃圾，便可以让世界更干净，同时积累自己的福报；主动地帮助有困难的人，便可以让一个受伤的心得到抚慰并让自己更有价值；主动地去搀扶一位年迈的老人走过斑马线，便可以用自己的力量让一位颤巍巍的老者拥有安全感；主动地帮助父母做家务，便可以让劳顿的父母有片刻的休憩并得到宽慰。

主动，可以让我们自己以及身边的人发生变化。如果我们拒绝与这个世界连接，这个世界也会把我们拒之千里之外。

所以，青少年们，敞开内心，主动连接，将收获无边的缘分。

No.34 真诚沟通，化解矛盾

98% 的矛盾来源于误会，98% 的误会需要靠真诚的沟通化解。当然，这里的“98%”未必准确，核心是不要因为误会而产生矛盾，不要因为没有真诚的沟通而让矛盾发酵，最终成为难解的仇恨。

就算是圣人也难免误解他人。有一次孔子受困在陈蔡两国之间一带，有七天的时间没有尝过米饭的滋味。有一天中午，他的弟子颜回用讨来的一些米煮稀饭。饭快要熟的时候，孔子看见颜回居然用手抓取锅中的饭吃。孔子故意装作没有看见，当颜回进来请孔子吃饭时，孔子站起来说：“刚才见先祖先告诉我，食物要先献给尊长才能进食，岂可自己先吃呢？”颜回一听，连忙解释说：“夫子误会了，刚才我是看见有煤灰掉到锅中，所以把弄脏的饭粒拿起来吃了。”这时孔子道：“所信

者目也，而目犹不可信；所恃者心也，而心犹不足恃。”意思是：人可信的是眼睛，而眼睛看到的也有不可信的时候；可依靠的是心，但心也有不可靠的时候。

眼见为实，耳听为虚？不尽然也。因为眼睛见到的未必是全部实际情况，所以当误解产生的时候，不要用自己的心思去揣测，而要真诚地去交流。最终会发现，很多事情并非我们所见所闻所思所想，矛盾也就自然化解了。

夫妻之间，父母和子女之间尤其如此，因为天天生活在一起，所以经常会因为误解而产生矛盾。在课堂上，我常常会发现本该相亲相爱的一家人却如同仇人一般，要么彼此不讲话，要么讲出来的都是指责对方各种不是的话。在课堂上，我作为老师，也作为调解人，希望他们可以通过真诚沟通的方式来化解矛盾。

什么是沟通呢？打个比方，两人之间有一条沟，彼此的观点和想法不一致，然后架起一座桥梁便可通了。沟通不是单方面的告知，而是心和心的连接，所以真诚就特别重要。很多人与人之间的沟通并非沟通，而是命令、告知甚至是强迫，自然没有办法连接。

如果我们带着自己固有的观念看待孩子，常常会误会他们。当代著名教育家李希贵在《为了自由呼吸的教育》一书中提到自己刚开始做老师的时候，总是希望用严厉的方式教育学生。一个星期天的傍晚，上晚自习，可班里的团支书和另外几个女生没有来上课。团支书是他心中的好学生，今天居然也旷课了，当时他很生气，等在教室门口，想来个“守株待兔”。后来几个女生急匆匆地从校门口跑过来，抓住机会的李希贵老师劈头盖脸就是一顿批评，几个人都被训哭了。晚自习结束后，几个女生来和李老师沟通，眼圈红红的，原来她们是为了送同宿舍的一位同学到医院看急诊才迟到的，当她们把病号安排好，满心欢喜地赶回学校时，以为能得到老师的肯定，没想到老师连解释的机会都不给……李希贵老师听到这儿懵了，好长时间无言以对，最后真诚地向学生们道歉：“看来还是老师错了，真是对不起你们了……”当听到李老师道歉的时候，学生们也不好意思起来。因为莽撞，产生了误会；因为真诚，拉近了距离。

有些家庭中有了二胎时，老大便觉得父母好像不爱自己了，觉得因为弟弟妹妹的到来，自己收获的爱少了，这也是对父母的误会，所有的父母都会疼爱自己的孩子，无论是几个。只是因为弟弟妹妹年龄小，生活没有办法自理，所以父母给到他们的关心自然要多一些。而老大长大了，能够照顾自己的生活，父母放心，关注自然就少了。所以不要因此就误解父母不爱自己了，也可以就此事和父母真诚地交流，相信一定可以感受到来自父母的爱。

亲子关系出现问题，不是缺爱，而是彼此缺乏真诚深入的沟通。所以我们经常让亲子在课程中彼此真诚、面对面手拉手地沟通好久，经过这样的沟通，我们会发现很多耸立在他们之间的“冰山”，立刻就会融化！

不要让误会毁了自己的人生，让亲情彼此伤害。在父母专业课中，我听过一个发生在学员身上的真实故事：有个女孩，因为小时候经常遭父亲打骂，觉得自己的父亲根本就不爱他，于是在不到 20 岁的时候便离家出走了，从此再也不和家里联系。当她听到父母专业课，特别是原生家庭相关内容时，才发现原来父亲是爱她的，原来父亲用他认为的严格在爱她，而她感受到的却是伤痛。听完课程的她，鼓起勇气回到了阔别十多年的家乡，家乡已经变了样，周边高楼林立，只有几个矮房子还在，其中有一个便是她的家。当她推开家里那扇门的时候，看到一个苍老的背影，那便是她的父亲。父亲看到女儿回来，一时以为是在做梦，当白发苍苍的父亲终于意识到是自己深爱的女儿回来的时候，久久地抱着她，喃喃自语：“终于等到你回来了！”父亲告诉她，等她等了十多年，天天想，不敢搬家，就怕她回来找不到自己的家。

所以，青少年们，无论与谁发生矛盾，都要真诚去沟通，不要让误解伤害了友谊，疏远了亲情。

No.35

珍惜时光，感恩缘分

我常在课程一开始时对听众说：“我们今天的课程时间为2个小时，可能过完这2个小时，我们此生将不再相见。”听到这句话，刚才还有些懒散和随意的听众，往往开始打起精神，我问他们是不是存在这样的可能性，他们说是的！每年听我讲课的应该会有几万人，我想肯定不是所有人都能再见上一面，也许我再来到这座城市，他出差了。所以既然当下有这样的缘分，我们就该好好地珍惜，而不是等到缘分消逝了之后，才发现错失了那么多本该珍惜的美好。

为什么不少父母想怎么批评孩子就怎么批评呢？为什么夫妻之间常常争吵不休？为什么不少同学对待现在健康的父母无所谓呢？因为我们没有感受到时光的珍贵，我们觉得今天过完了还有明天，今天是我的孩子，是我的伴侣，是我的父母，明天依然还是。总觉得日子还长着呢，所以无所谓。有位父亲因为工作忙长期出差，从小就没怎么陪伴过孩子，他分享经验的时候说：“我总是盼着孩子长大，可现在孩子大到我没法和他交流了，大到我再也抱不动他了。”他的脸上写满了懊悔之情。

所以，在该珍惜的时候我们一定要好好珍惜，不要等到失去的时候才后悔莫及！对待父母更是如此，中国有句话：“树欲静而风不止，子欲养而亲不待。”人的寿命是有限的，随着我们长大，父母便会老去，当父母依然健康的时候，让我们多陪伴在他们的身边，有机会带着他们出去看看，他们操劳了一辈子不容易；当父母身体不好的时候，更要在他们身边，照顾他们，给他们讲故事解闷儿，让他们感受到来自家庭的温暖。有些人在自己做了父母后，回忆起自己父母的时候常常泪眼婆娑，后悔自己年少时因为叛逆和父母作对，甚至还离家出走，伤了父母的心。现在有些人的父母已经不在人间，自己想要尽孝的时候却没有了对象，所以我们一定要好好珍惜眼前人。

同样，作为青少年，我们的青春是有限的。如何让自己的青春有价值，如山花般烂漫？需要我们带着青年人的朝气蓬勃去创造，不要把时间花费在没有意义的事情上，不要在游戏中耗费大好光阴，不要让自己沾染毒品而不能自拔，不要让自己迷恋于物质的荣华而丧失奋斗的动力。

此生的同窗是缘分，父母是缘分，哪怕走近自己身边的陌生人也是缘分。江才普俊的《红尘一念》中有这样一段文字：

> 多少人的离别，没有道别的机会，如同多少人的相遇，没有问候一般。

我们有太多没有问候的开始，也有太多没有道别的结束。

如果，每个人都懂得相遇的可贵，便不会再计较相遇后的那些琐碎。

因为对于相信缘分的人而言，相遇永远不会是偶遇。

我们若仔细思量，没有什么是不可以失去的，但这并不代表你要等到它失去。

失去本身并不是痛苦的，痛苦源于你一直等到它失去，却从来没有感受过拥有。

所以，青少年们，不要让此生留下遗憾，好好珍惜已经拥有的一切，感恩所有缘分在生命中的出现！

No.36 尊重老师，理解学校

老师是一个人生命中重要的缘分，学校是一个人生命中重要的地方。老师和学校，占据着我们人生中重要的时间和空间。很多人会觉得学习是为未来做准备的，实际上学习本身就是生命的重要组成部分，特别是在学校期间的学习，无论是小学、初中、高中还是大学。

忆起我自己的学校生活，感觉挺愉快的，几乎每位老师对我都挺好，这是我的幸运。当然，我心中也都挺喜欢教我的老师们，所以也许正是这样一种彼此的喜欢让我可以和我的老师们和谐相处，回忆的时候充满着喜悦！

我的父母从小教我要尊重老师，他们也对老师彬彬有礼。记得小时候，每次要去学校见老师，我的父母都会脱下脏了的工作服换上干净的衣服，和老师说话时非常恭敬。我能感觉到，那不是表面的客气，而是发自内心的尊重。如果老师批评我了，或者我在学校闯祸了，我的父母总是第一时间纠正我的问题，从不会把问题推卸到学校或者老师的身上，也许这便是父母的朴实吧。

我上小学的第一位班主任老师姓曹，现在我依然记得她的样子，当年她 50 多岁，短发，总是带着笑容。她教了我们一年级和二年级。太多的细节记不清了，只是觉得她对我们很好。我上二年级那年，她不幸因车祸去世了，同学们非常伤心，我到现在还记得我和小伙伴们一起在我家的院子里面亲手给曹老师做花圈的情景，那时候我们心里充满了伤感与对老师的不舍。小学的数学老师姓李，是我们特别喜欢的一位老师，对我们十分好，记得去南京参加数学竞赛的时候，她在鼓楼的汽车站请我们每人吃了一碗牛肉面，那是我吃过的最好吃的牛肉面。所以小学毕业很多年之后，只要我路过那个车站，都会再去吃一碗牛肉面。

上了初中，班主任是大学刚毕业的曲老师，她对我们特别好。周末的时候我们喜欢去她家玩，弹吉他唱歌之类的，很开心。曲老师对我的批评也让我刻骨铭心。上初一时，我太喜欢打篮球了，常常凌晨 5 点就到学校打球，也因此把学习耽误了，成绩一下子下滑了好几名。还记得曲老师在教学楼四楼走廊上狠狠地批评我的样子，那时候我眼睛还瞅着楼下的篮球场，曲老师气愤地告诉我："你明明是该考到全年级前几名的水平，这次却考成这样！你爱打篮球我不反对，但是也不能耽误学习啊！"我终于把眼睛从篮球场移到了曲老师恨铁不成钢的眼神里。此后我努力做好运动和学习的平衡，期末考了全年级第一。

一直到现在，我都非常感谢曲老师对我的批评。遗憾的是，初一读完我便因为搬家转学到南京市区读书了。

我到了南京一所不太好的学校，进学校第一周便被学校的“小混混”抢了鞋子，用一双破布鞋换了我一双新球鞋。这事我没有和我妈妈说，而是自己解决了，省得他们担心。因为转学的原因，我需要适应周边环境，也要和同学们友好相处。还好，我的适应能力不错，很快就和大家玩成了一片，包括那位抢我鞋子的伙伴，后来我们相处得很好。学校的老师对我很好，尤其是班主任陆老师。记得初三毕业复习的时候，我向陆老师请了 10 天假，自己在家复习，因为我觉得学校讲的内容简单了。每天下午 4 点，我会提前约好数学、物理、英语等科目的老师，当面向他们请教我在家复习时遇到的不懂的问题，老师们也都认真解答。我非常感谢老师们的教育之恩。

后来上了高中、大学，读了研究生，走向社会后也参加了很多学习，不一一赘述了，感恩所有老师的教诲。想起小学的懵懂时光和初中的青葱岁月，特别是在过年的这个时候回忆，总觉得时间过得好快！曾经教过我的老师们，他们都还好吗？特别是我小学和初中的老师，现在应该都 70 多岁了，也不知道此生是否有机会可以再和他们见面，写下这段文字的时间是己亥年（公元 1995 年）大年初一，祝福老师们：新年快乐，身体健康！

中国的老师挺不容易的，因为高考的压力不仅仅压在学生们、家长们头上，同时也压在老师们身上。不仅如此，因为 1980 年至 2016 年的独生子女政策让每个孩子显得更加的金贵，有些家长容不得孩子在学校里有一点点的闪失，万一孩子摔倒跌伤了，遇到明事理的家长还好，如果遇到一些特别较真的家长，老师的日子便不好过了。同时，中国的班级容量也大，少则 40 人左右，多则六七十人，一位老师要同时教这么多的学生，难免会照顾不周，个别调皮的同学会让老师心烦意乱。老师起早贪黑，学生们做一份作业，但是老师要改几十份。除了正常教学外，还需要和许多家长沟通，有些家长配合度高，老师可以轻松些，可是有些家长忙碌中忽略了对孩子的教育，让老师也没有了招。

关键是老师除了这几十个学生，还有着自己的孩子要养育，老师真不容易啊！进校园给学生们讲品格课时，我经常会采访老师，老师们常常哽咽，他们为了教育学生常常无法顾及对自己孩子的教育，这点让他们作为父亲、母亲感到内疚。

所以，青少年们，珍惜师生的缘分，多关心老师，多理解学校，让校园充满正能量。长大后，当我们追忆起学生时代，希望留下的是美好的回忆。

No.37 孝顺父母，感恩长辈

在不同的年龄写父母，会有不同的感受！

前几天陪同摄制组去了朱自清故居，采访了朱自清先生的嫡孙朱小涛先生，再次读起了《背影》——

> 我说道，“爸爸，你走吧。”他往车外看了看，说，“我买几个橘子去。你就在此地，不要走动。”我看那边月台的栅栏外有几个卖东西的等着顾客。走到那边月台，须穿过铁道，须跳下去又爬上去。父亲是一个胖子，走过去自然要费事些。我本来要去的，他不肯，只好让他去。我看见他戴着黑布小帽，穿着黑布大马褂，深青布棉袍，蹒跚地走到铁道边，慢慢探身下去，尚不大难。可是他穿过铁道，要爬上那边月台，就不容易了。他用两手攀着上面，两脚再向上

缩；他肥胖的身子向左微倾，显出努力的样子。这时我看见他的背影，我的泪很快地流下来了。我赶紧拭干了泪，怕他看见，也怕别人看见。我再向外看时，他已抱了朱红的橘子往回走了。过铁道时，他先将橘子散放在地上，自己慢慢爬下，再抱起橘子走。到这边时，我赶紧去搀他。他和我走到车上，将橘子一股脑儿放在我的皮大衣上。于是扑扑衣上的泥土，心里很轻松似的。过一会说，“我走了，到那边来信！”我望着他走出去。他走了几步，回过头看见我，说，“进去吧，里边没人。”等他的背影混入来来往往的人里，再找不着了，我便进来坐下，我的眼泪又来了。

小时候学习这篇文章时，还没有什么感受，可今天再读起来，眼泪已经不知不觉湿润了眼眶。

亲子之间的冲突往往发生在孩子们初中、高中时期，因为这个阶段的青少年们年少气盛，希望展现自己的价值，而父母们也正年富力强、充满斗志，所以两者之间常常会因为一些事情或观点不同而争执起来，互不相让。

如今，我的父母已经70多岁了，作为儿女，我不会再和父母争执了，如果还在吵，那真的是不懂事了！父亲得帕金森综合征10多年了，现在生活无法自理，需要人照顾。当在家里面扶爸爸上床睡觉时，我小时候的事情常常在眼前一幕幕地浮现……小时候，爸爸会骑自行车带我去洗澡，路上有一条很陡的坡，胆子不算大的父亲总是会骑车带着我冲下那个陡坡，因为这样我会很开心。洗完澡在厂门口吃一小碗馄饨，那种用柴火烧出来的馄饨的味道现在很难找了。然后再骑车带着我回去，这时候下坡就变成了上坡，每次父亲都是骑得气喘吁吁的，而我却乐呵呵的！小时候爸爸虽然工资不高，但是我想要什么他都竭尽可能地满足。上高中的时候我爱好摄影，爸爸花了 1 600 多元给我买了一台海鸥牌的单反相机。我上大学时，有一次和同学出去玩，答应好回家的时间没有回去，那时 50 多岁的爸爸在站台等了我一个多小时才见到我，说："我很担心你，担心得手都发抖！"10 多年前爸爸得了帕金森综合征，手经常会发抖，我时常想是不是他经常担心我才这样，如今我要更好地照顾好自己，让爸爸放心。

我的妈妈是个朴实且很顾家的人。她从 16 岁便开始在工厂上班，学了一个很不适合女孩子做的活——车工，一干就是 40 多年。小时候我经常到妈妈的厂里面去玩，到处都是铁屑。妈妈长得漂亮，可脸上经常会被铁屑打伤，还因为一次意外，右手食指被机器切断了，妈妈当时抱着受伤的食指到医院。坚强的她从来没有为此抱怨过什么，她的心里面全是我们这些孩子。妈妈这一生吃了好多苦，苦在身体上，也苦在心里，可她不和我们说，不希望给我们增加烦恼，不希望影响我们的学习，我想天下的父母都是这样吧！

我写这篇文章的时间是大年初一，刚从父母那儿回来，第二天要回家协助妈妈给爸爸穿衣服，妈妈不要我回家帮忙，说她能搞定，我明白她只是希望我可以多睡一会儿。已经 70 岁的妈妈还在处处为我们着想，扪心自问：我们有像父母爱我们那样去好好地爱他们吗？我觉得有愧，还有很多没有做好的地方，我要更加孝顺才好。

我记忆中除了父母之外，印象深刻的长辈便是外婆了。外婆满头银发，总是笑容满面，整年都穿着一件蓝色的布衫，很整洁。外婆会

把一年的钱都存着，到了过年的时候给十几个孙辈发红包，虽然每个红包里只有 5 元钱，但那时候已经不少了，而且都是崭新的五元钱。外婆在我 10 岁的时候就去世了，2018 年我专门请人重修了外婆的墓，因为我觉得外婆没有享受到我的福，希望能为她做点事情。

我们有时候不想长大，因为自己长大，父母就越来越老了。老到没法自在地行动，老到吃饭不方便，老到身上生各种各样的病。可是岁月不会答应，该长大终归要长大，该年老终归会年老，我们唯一能做的便是好好珍惜现在的岁月。

所以，青少年们，请不要和父母吵闹，也许他们很唠叨、总是控制、不能理解我们，但是不要怀疑他们对我们的爱。父母陪着我们慢慢长大，我们陪着父母慢慢变老，在这其中的每分每秒，好好珍惜，感受幸福！

No.38

水和万物，融合共生

物以类聚，人以群分。不同的爱好、价值观、身份、地位会将人加以区分，所以每个人都会有自己的朋友圈。

有位关系很好的学生考上了大学，让我赠一句话，我写道："想成为什么样的人，就先和什么样的人在一起。"后来，这位同学大学毕业了，又找我送他一句话，我便写道："水和万物。"这两句话，有些矛盾。第一句话是希望他能够有所选择地交朋友，因为我发现每个人都会受到周边圈子的影响，进入爱学习的圈子不知不觉自己也会爱上学习，而进入赌博的圈子久了也许会染上赌博的恶习，所以我们要选择正确的圈子；第二句话是希望他走向社会后，可以和各种各样的人打交道并和谐相处，利益所有人。

水和万物的要求是相当高的，因为需要去掉自己的分别心、私心，还需要能够时刻守住中心，并时刻怀有慈悲心、利他心。真正达到水和万物境界的时候，将会成就一切也被一切成就，化于万事万物之中却又不那么张扬地展示着自己。这是极高的境界。

《道德经》第八章便写道：“上善若水。水善利万物而不争，处众人之所恶，故几于道。居善地，心善渊，与善仁，言善信，正善治，事善能，动善时。夫唯不争，故无尤。”意思大致是：水善于滋养万物而不与万物相争，停留在人们最不喜欢的地方，所以最接近于道。善于变化，在不同时间保持不同的状态，也不和大家争斗，所以便很安然自在。

做人，当学习水的精神。可以和万事万物在一起，可以居于高山之上，可以低于深谷之中；可以用来喝，也可以用来洗刷马桶；可以化为蒸气，也可以结成冰；可以温柔地静静地流淌多年，也可以澎湃地激流勇进。可以说，在地球上，在生命中，水无处不在。

如果我们能够像水一样，和万事万物连接在一起，去成就万事万物，那么也会被万事万物成就，因为因果都是相互的。同时，水在成就他人之后，并无所求，水不会因为给土地多了便向土地收钱，不会因为下雨多了便向人类要钱。水在奉献，如同前面所说，最大的自私是无私，因为无私会让一个人的能量发挥到最大。

若想和万事万物连接，需要去掉分别心。水没有分别心，只在需要的地方便存在，不会给富人多些而给穷人少些，不会下雨的时候给发达国家多些给贫困地区少些，甚至不会对好人和坏人有什么分别，万事万物在它那儿都是一样的。水平越高的人，分别心越小，如同飞机飞到万米高空之时，我们再看下面穿梭于公路上的汽车，根本分不清是奔驰、宝马，还是夏利、奥拓。

水在滋养万物时不会丢了自己，它始终保持着自己的自性，不变 H_2O 的化学结构，也许汇流到污秽之处，但不会改变自己的真实模样，这便是守住中心。所以，如果一个人很容易受外在影响，便很难做到水和万物。与好人在一起的时候做好事，与坏人在一起的时候却做起了坏事，当身边人爱学习的时候也跟着学习，可当身边人吃喝玩乐的时候自己也迷失了自己，这便难以做到水和万物了，因为水是去滋养、影响万物的，而非让万物改变的。

所以，如果想做到水和万物，需要带着利他心，去掉比较心，还须守住中心。

"水和万物"的理念对我们实际生活的意义是，不要总是有好同学、坏同学的观念，可以和各种各样的同学在一起玩，不要因为同学的贫富贵贱便有很大的分别心，可以用自己的利他之心去帮助每个同学却不求回报，这其中，还要能够守住自己的中心，不受他人影响。无论在怎样的环境中，都可以拥有正确的价值观、人生观，这便是"水和万物"的至高境界了。

特蕾莎修女在印度期间，便是带着"水和万物"的理念帮助穷人。在她那里，没有基督教、印度教、佛教的区别，只要是穷人和贫苦的人，她都会伸出援手，用自己的爱去温暖他们。当她遭遇到不公正对待甚至生命危险的时候，她依然保持着那一份爱的执着。在此分享她写的一首诗：

人们经常是不可理喻、没有逻辑和以自我为中心的，

无论如何，你要原谅他们；

即使你是友善的，别人也会说你自私自利和动机不良，

无论如何，你还是要友善；

当你功成名就，你会赢得一些虚假的朋友和一些真正的敌人，

无论如何，你还是要成功；

如果你是诚实和坦荡的，人们可能会欺骗你，

无论如何，你还是要诚实和坦荡；

你多年来营造的东西，可能会被毁于一旦，

无论如何，你还是要去营造；

如果你找到了安宁和幸福，有人可能会嫉妒你，

无论如何，你还是要快乐；

你今天所做的善事，往往明天就会被忘记，

无论如何，你还是要做善事。

青少年们，当我们达到“水和万物”境界的时候，身边的朋友会越来越多却又各不相同。所以，带着无私的爱去爱天下的人，不为自己为他人，最终不是成就了他人，而恰恰成就了自己！

No.39 解决问题，创造财富

我经常问青少年："想挣钱吗？"同学们都大声回答："想！"接下来的问题是："如何挣钱呢？"同学们回答："努力学习！""找个工作！"各种回答的声音此起彼伏，充满着率真与乐趣。

我们不要一味地追求金钱，在这个世界上，金钱一定不是最重要的，可我们也不要抵制金钱，认为金钱是坏的东西！我认为，某种程度上，金钱是好东西，金钱也是文明的产物，是价值的体现。最早货币出现时，便是用来衡量物品之间价值的。所以，一个人通过正当方式获得的金钱的多少也反映了一个人创造价值的多少，钱是公正的。

可为什么有时候钱又有着"铜臭味"呢？我觉得不是因为金钱本身出了问题，而是人出了问题。为了金钱，不择手段：

做生意的时候卖假货，卖毒大米、毒奶粉；当官的时候收受贿赂，不顾老百姓利益；一些人有了钱便飘飘然起来，吃喝嫖赌。当用不正当的方式赚钱和花钱，就会给钱蒙上阴霾。所以，我们要正当地赚钱，正确地花钱！

那如何能够正当地赚大钱，甚至可以成为世界首富呢？答案是：解决世界上最大的问题！倘若我们可以解决世界上最大的问题，便可以拥有最大的财富，因为解决问题的过程就是在创造财富。所以，不要总想着挣大钱，而是应该想着如何去解决问题。现在全球有气候变暖的问题，有雾霾的问题，有癌症的问题，有金融的问题，有外星生命的问题，我们一生哪怕只解决某一个问题，距离财富都不会遥远，所以很多有钱人并不是天天做钱的梦，而是想着如何去解决问题！

比尔·盖茨在哈佛大学学习期间，他考虑的并不是拿到大家都很羡慕的哈佛大学的文凭，而是在那个刚刚有计算机的时代，通过软件编程让电脑这个硬件更加方便地操作起来。我们至今仍在使用的Windows操作系统、Office办公软件便是盖茨带领研发的。这样的创造解决了很多电脑操作和软件使用的问题，所以他成了世界首富。乔布斯总是想着是否可以把所有的应用放到手机上，这样手机不仅可以打电话，还可以实现很多功能。他解决了这个问题，所以苹果手机诞生了，并且风靡世界，他也收获了巨大的财富。前面提到过的埃隆·马斯克想着解决如果地球毁灭人类如何生存的问题，所以研究如何让人类在火星上生存。他升级了火箭、电动汽车等，因此也收获了巨大的财富。大家熟悉的腾讯，其中微信和QQ解决了人们即时通信的问题，我在参访这家企业的时候发现，他们正在解决医疗的问题，通过大数据来提升诊断的准确性。中国人值得骄傲的企业华为，一直投入大量的研发资源在解决互联网时代数据的问题，其建立的 5G 科技远超世界水平，将中国的高科技产品带向了世界。

青少年们，只要我们用心去研究就会发现，真正能够收获大财富的人，都是在这个时代承担责任，勇于创造，发现问题并解决问题的人。如果你也想成为富有的人，就去养成解决问题的思维方式吧。

解决问题不是要等长大以后才去做的，而是要变成日常的行为方式。例如，我们现在的学习便是在学习着解决问题，如何用最短的时间解决最多的问题，这和用最少的时间赚最多的钱的原理是一样的，需要提升我们的效率。如果平时学习中的习惯便是慢吞吞的，长大做事的时候往往也是如此。如果平时学习不善思考，长大做事往往也难以创造。所以，现在我们的青少年时代和世界的未来是相联系的。

不要妄想能够一夜暴富，当然你也许会给我举出许多一夜暴富的案例，例如，彩票中奖了、股票大赚。可你是否知晓，这样的概率有多大呢？何况，这样的幸运可以持续吗？不少中彩票的人在金钱用光之后便归于沉寂了，甚至因为福报不够不足以承受这些财富，反而给自己带来了厄运。所以，我希望所有青少年都秉承着“解决问题”的思维方式来创造正当的财富。

有人也许会提到股神巴菲特，可大家是否知晓巴菲特的投资之道呢？巴菲特 21 岁获得哥伦比亚大学经济学硕士学位，毕业时，成绩获得 A+ 的最高评价，可见其学习之用功。巴菲特不是通过炒股票的短线操作而获得短期收益的，对于需要投资的企业，他往往都会好好地研究，看这个企业长久的发展和创造价值的能力，同时对这个企业所在国家的政治、经济和科技等多方面信息做全面分析。正是因为这样，他才能在似乎没有规律的股票市场中找到规律，如他所说："不要'炒股'，你要买价值，戒骄、戒恐、戒躁。""如果你不打算持有某只股票十年，则十分钟也不要持有，我最喜欢的持股方式是——永远。"通过巴菲特的话，能感受到他的炒股符合"道"，不求短期利益，而要目光长远，和投资企业共发展，同时拥有一个很好的心态。

本篇的财富主要指金钱，但财富远远不只有金钱，还有健康、福分、友谊等，但是其中"道"的规律都是一样的！

所以，青少年们，如果希望成为富豪，就要符合"道"，就要解决问题，就要寻求长期发展，并且从当下就开始做起，这样，你此生一定不会缺乏财富。

No.40

善用金钱，大舍大得

如果有了钱，该如何去花呢？花钱的背后有什么规律吗？

钱是价值的衡量物，钱本身并没有价值，只有把钱用出去了才有价值。国内生产总值的核心价值是在循环中产生的总和，而非钱本身数量的多少，所以钱一定要循环才有意义。如果抱着大笔的钱这辈子都不去用，那这个钱就没有了价值！

打个比方，用 1 万元买一瓶矿泉水，大家会买吗？放到平时，大家肯定不会买，认为傻子才会买。可是如果在沙漠里面，渴得快要死去了，这时候如果口袋里面有 1 万元钱，你会用来换水吗？这时候是 1 万元的价值大，还是这瓶水的价值大呢？所以，我们要将钱花在有价值的地方，而不是放在口袋里面不用，也不要拿去浪费或者买不必要的物品。

青少年们，钱究竟该如何使用呢？这个问题的确难以回答，因为每个人想法不一样，而每个人都有支配自己的钱的权利，旁人没有权利干涉。所以在此我仅表达我的想法。

首先，钱要用来孝顺父母！我和团队成员们说，无论工资多少都要用些钱来给父母买些家用，最好每个月可以给父母钱花。绝大部分父母根本不要孩子们的钱，还恨不得把自己存了一辈子的钱都给孩子用，可孩子为什么还需要给父母钱用呢？因为钱代表价值，给父母钱用实际上是对父母为孩子的付出做出价值上的认可。当然，无论给父母多少钱，都无法超越父母给我们的关心与爱，但这份返回给父母的爱能够温暖父母，被温暖的父母便会安心和开心，当父母心情好了，身体自然也会越来越好，拥有健康的父母是孩子们最大的福气。

其次，用钱来结交善缘。和朋友在一起，不能小气。上大学的时候，有些同学比较小气，当别人去买电影票的时候，他就锁不上自行车，别人一买完票他便锁上了，一到结账的时候，他就上厕所去了。走向社会这么多年，这些比较小气的同学财运也不会好，因为没有人喜欢和小家子气的人做生意。人缘便是潜在的价值。我身边有位企业家生意做得很好，舍得花很多钱让员工去日本游学，舍得花钱给员工发年终奖品。有一次还请我和我公司的 7 个高管免费游学日本，每次请客的时候都不让我们掏钱，还用最好的酒招待。他不是因为钱多才慷慨，而是因为慷慨才有钱。十几年前，公司一个员工的太太生病了，治病需要几十万元，那时的他经济上还没那么富裕，但他立马凑了 30 万元借给员工给太太看病。在他心中，人比钱更重要。现在这个员工也是他们企业的高管，和他一起奋斗了近 20 年。财聚人散，财散人聚，对待正确的朋友，当然不是狐朋狗友，要大方！我读大学的时候，经常拿奖学金，每次我拿奖学金宿舍的兄弟们便很开心，因为每次我会请大家一起吃顿饭。现在想来，用奖学金吃饭——大家一起吃着火锅，喝着啤酒，“侃着大山”——是大学时光中很幸福的回忆。

再次，用钱来投资学习！学习不是只在学校才做的事情，而应该是终生的事情。我觉得大学毕业后，才是我人生学习的开始，虽然在学校学习了很多的知识，但是人生光有知识不够，还需要很多的智慧。刚开始我条件不好，便买来5元一张的余世维等老师的光盘学习管理；后来条件好了，便参加一些线下的企业管理培训；然后又认识了影响我终生的胡大平老师，跟随他学习近9年；在全国各地和世界各地的学习也数不胜数；再后来又加入了爱自然生命力体系，拥有了更好的学习平台。我在学费上的开支远超我在其他物质上的支出，可是我觉得这些投资十分有价值，丰富了我的大脑，开拓了我的视野，升华了我的内心，也给我带来了越来越多的财富。所以，我希望所有同学都能够拥有终生学习的意识。当然学习需要有所选择，适合自己的才是最好的。

最后，用钱去帮助他人。很多优秀的企业家同时也都是慈善家，因为金钱累积到一定数量要回馈给社会，这才能产生大的循环。比尔·盖茨、巴菲特、马化腾无一不是慈善家。有人会说，因为他们有钱。的确，有钱是一方面，所以我们要多赚钱才有能力帮助更多人。如果我们想帮助更多人，就要先让自己强大起来。但比钱更关键的是要有心，也许我们钱不多，但是我们可以从身边开始，尽自己的绵薄之力给他人一些支持。每次精英课同学们卖书的钱，我会建议他们捐助给公益机构或者有需要的人。如果世界上的每个人都献出一点爱，相信很多天大的困难便会在大家的爱心下化解。如果我们的金钱可以让一个人、一个家庭变得更加幸福，而我们所要花掉的钱只不过是让我们少买一双鞋、少买一件衣服的时候，请将这些钱留给那些更需要的人。当我们让钱流动起来，去帮助他人的时候，我们的财富并不会因此就少了，请相信：爱出者爱返，福往者福来。

大舍大得，小舍小得，不舍不得，舍不为得，这便是规律！所以，对于父母，对于朋友，对于学习，对于慈善，慷慨一些。

但是，对于自己的欲望，对于浪费，小气一些。带学生出国时我发现，有些学生会购买很多昂贵的物品，有些男生钟爱好几千的球鞋，有些学生在国内请吃饭讲求气派，满桌子的浪费，然后到 KTV 唱歌还开好酒喝……这些都不是大方，而是在用外在的金钱满足内在的虚荣心，这不是有实力的表现，而是内心不够强大的表现。也许这些话让一些青少年不舒服，但我希望大家可以思考，钱真的不该这么用，特别是在父母辛苦赚钱而自己还没有赚钱的时候。巴菲特很有钱，但是巴菲特几十年都没有换过他居住的房子，他的儿子也没有从他那儿得到多少财富，而是靠自己的创造在外打拼。所以，不要滥用金钱，让钱在有价值的地方发挥作用！

所以，青少年们，如何用钱是门学问，能讲的还有很多，先请大家做到以上我给的建议，当你持久做到的时候，自然会得到相应的好处，因为大舍大得。

No.41 充满好奇，创新无限

未来世界的发展速度将会越来越快，大家先感受一下最近30年的变化：20年前，从网络上下载一张图片需要几分钟的时间，现在几分钟可以下载一部电影；15年前，坐火车时速在80千米左右，现在高铁时速达到了300千米；10年前，买个东西要跑很多店也未必能找到，现在在购物网站上输入一个商品名称便可以很轻松地搜索到自己需要的物品；6年前，有一个广告的内容是，一个人在海边拿着手机和家人视频通话，当时看到觉得是很高科技的事情，现在，视频通话在我们生活中已经司空见惯。太多的改变在最近的30年发生着，而未来的30年，这个世界的改变不会变慢，只会越来越快！

现在科技和经济的高速发展，给青年人带来了无限创造的可能性，如果我们不努力进取，那所有与这些发展相匹配的财富都和我们没有关系。未来的贫富差距也会越来越大，因为富人们可以不用再借助人力工作了，机器人将取代很多现在需要人工做的工作。所以，如果我们没有创造力，在未来将会没有竞争力。

如何拥有创造力呢？最重要的是拥抱变化，充满好奇心。不要抗拒甚至抱怨这个时代的变化，这会让自己没有机会。任何时代都一样，危险与机遇并存。任何时代都一样，充满好奇心并敢于实践的人才能抓住时代机遇。互联网时代的到来成就了很多人，如以创立了百度、腾讯的李彦宏、马化腾为代表，还有携程、拼多多等企业的创始人，很多基金的投资也都以高科技领域为方向，可见未来的世界将因为科技的发展而产生天翻地覆的变化。作为青少年，我们不能死读书，要了解自己的学习是和未来的世界相联系的。要了解这个世界正在发生着什么，不要将陈旧的知识塞满了大脑而让自己的好奇心不复存在。

未来，科幻片中的许多景象将成为现实，此刻让我充满好奇心地想象：

5 年后，三维全息虚拟技术正式大规模商用，我们可以通过 VR、AR 技术进行远程交流、网络购物了；

15 年后，特斯拉 CEO 马斯克设想的超级高铁项目 Hyperloop 正式建成，可以在低压管道中运送乘客，时速达到 1 126 千米；

20 年后，升级版 Hyperloop 建成，由于运行空间真空，没有摩擦力，“胶囊大玩具”车厢运行速度最高可能达到每小时 6 500 公里，纽约到北京只需 2 个小时，环球旅行只需要 3 个小时；

25 年后，量子计算机正式大规模商用，其运行速度比传统模拟装置计算机芯片运行速度快 1 亿倍；

30 年后，可续航 2 000 千米氢燃料电池汽车诞生；

35 年后，人类首次登陆火星，并成功回收了发射用的火箭；

50 年后，人们开始向专业公司寻求冷冻自我，从而顺利“移民”到未来；不少得了绝症的人也被冷冻，他们期待在未来医疗技术进步后再度复活；

60 年后，科学家在月球上建立了人类首个城市，在城市的最中心，配套建有全世界最大的太空望远镜，人类往返月球旅行成为现实；

75 年后，人均寿命提高到了 120 岁，虚拟现实技术为医疗诊断提供了更好的支持，基因技术的提升大大加速了人类进化，人类平均智商提升到 150。

因为好奇所以不断探索，因为不断探索所以不断超越，这把人类带向更高的文明！作为朝气蓬勃的青少年，在这样的时代，你不想让自己的人生在这段历史中留下浓墨重彩的一笔吗？此刻，都不需要讨论赚钱的问题了，因为能创造未来的人不会缺钱！

所以，青少年们，保持好奇心，发挥想象力，大胆去创造，财富会来找你！

No.42

整体思考，大胆大气

现在的教育，有时候会把我们教得考虑问题太周到了。仔细固然很好，但是，如果过度的话便会进入细节太多，思虑太多便难以成大器。

现在的信息化社会，会让我们进入很多碎片的时间，信息量很大，也很碎。信息多固然很好，但是，太多的碎片化内容会让我们缺少整体性思考，继而难以出现大战略。

如果想有大的成果，就需要在思考上有全局、整体的意识，在做事风格上要大胆大气。

用学习来做比喻，如果我们学习物理的时候只是研究某一个公式便是进入了细节；如果我们拿到一本书，将目录贯穿在一起看并了解每个章节之间的关系，这便是有了一定的整体的意识。当然整体之后还有整体，如果能够站在物理的发展史来看物理的内容，便又上升到了另一个整体。站在不同的整体来看问题，得出的结果往往会有所不同，如同站在一楼和十楼，得到的感觉和解决方案是不一样的。

讲课时，越是水平高的老师越能够将整体连接在一起。例如，讲历史的时候，能够把古今中外的历史串在一起讲；讲儒释道的时候，能够把孔子、释迦牟尼、老子放在一起讲，甚至可以带入苏格拉底、柏拉图等，并且能就他们的思想对后来中西方思维的影响做深度剖析，还可以分析他们的思想在政治、经济、科技等方面的影响。这样讲历史对于讲课老师的整体性要求就很高了，因为除了充分了解历史，还要对政治、经济、科技等方面有所了解，甚至对哲学也需要有所涉猎。如果只告知学生历史上的什么时间发生了什么事件，让他们用简单的记忆应付考试，这对学生未来的人生没有什么启发意义。

我在观察很多优秀人士的时候发现，越优秀的人思考的整体空间越大。例如：爱因斯坦是研究物理学的，但他对于哲学和艺术都有着很好的学习；埃隆·马斯克考虑的是未来人类的生存问题，然后集合各种科学技术和商业模式来解决问题；巴菲特在投资股票的时候不会天天盯着股票看，不会在意短期利益，而是会对全球的经济形势、行业趋势、政治环境等进行全面性了解。所以古人云，“不谋万世者，不足谋一时；不谋全局者，不足谋一域。”

在此，我并非否定进入细节不好，只是越高的领导或者领袖，越需要有整体性意识，才能指挥团队更好地进入细节。

如同指挥家，能够在一定的高度指挥着乐队，掌控全局，但是每个乐手又可以全身心进入细节里面去表演，这样的配合才和谐。

当有了整体思考后，便要大胆大气地加以落地，而不是裹足不前。这点我觉得爱自然生命力体系的创始人林青贤院长做得很好，林院长在考虑事情的时候有着很强的整体性思考，在创办体系之时便考虑到未来 10 年大概的战略方向，同时，林院长也不太多地进入细节，只要方向对了，哪怕细节中暂时不完美也没有关系。他大胆大气地推动家庭教育，所以在短短不到 7 年的时间，便将家庭教育的理念传播到了全国各地，让众多家庭受益，同时也结识了更多想一起做家庭教育的人。

所以，青少年们，不能让自己因进入细节而丢失了整体，不能太过于追求细节而让自己不够大气，不能思虑太多让自己失去了胆量和勇气。成大事者，须整体思考，大胆大气！

No.43

合作共赢，同心共创

不少人喜欢事事争第一，希望能够超越别人。真的赢了所有人，就可以有所成就了吗？事实并非如此。

如果一个人总是想自己得第一，内心便会有个声音，希望把所有人都比下去，希望没有人可以比他好，这样的思维方式往往是以自我为中心，同时听不进别人的意见，不能够站在他人的角度换位思考，不能接受别人超过自己，也无法包容身边人，这样便难以与人合作！

这种“唯我独尊”的思维方式是从哪里来的呢？当代中国的家庭教育中，不少父母都希望孩子能够得第一名，这样的教育便会种下一颗种子——只要得第一就会成功；当代中国的学校教育中，体现团队教育的方式太少了，往往都是让一个学生拼命地学习，然后还进行全班排名，很少让学生们以团队的形式合作；在中国实行了30多年的独生子女政策，让独生子女们形成了以自我为中心的思维模式，他们能得到全家最好的东西，但也因为没有兄弟姐妹而丧失了很多合作的机会！所以，随着中国教育改革的推进，我们应当思考如何在家庭、学校和社会教育中多多培养青少年的合作能力！这方面，以色列的教育值得我们借鉴。

以色列的教育中特别注重团队合作。他们的课堂中普遍采取分组教学的方式。父母们鼓励孩子们参加团队旅行，在旅行中共同面对困难和危险，相互帮助。孩子们高中毕业后需要参军，在十八九岁的年龄，要融入军队，在军队中学会如何领导和配合团队执行任务，同时被告知“你在军队中学会的是在战场时不要丢下同伴”。所有当兵的年轻人都必须想尽办法和自己的团队同进同退，同时他们也会去帮助陌生人，无论他是不是犹太人！所以网络上有句对海外旅行的年轻人的忠告：“走到比较难走和危险的路段时，如果有碰到以色列年轻人，就跟紧一点，如果你碰到困难，他们一定会留下来帮助你！”由此可见以色列年轻人的合作精神。

犹太人取得的成就中，有很多是“合作共赢”思维的结果！西拉德、爱因斯坦、奥本海默、特勒四个人是好朋友，正因为他们的共同努力，才制造出了原子弹和氢弹。在经济领域，很多犹太人既是竞争对手又是好朋友，他们相互支持收获财富；美国好莱坞的高德温、派拉蒙公司也都是由犹太人经营着！犹太人的故事告诉我们，通过合作才能取得共赢。

如何找到合作的人呢？

首先，自己要有足够豁达的心胸。如果一个人内心容不下别人的

不好，便很难和他人合作，因为这个世界上没有完美的人。当我们选择和一个不完美的人合作时，我们就要接纳他的不完美，同时发挥彼此的特长。

其次，合作者之间需要有共同的愿景和价值观。并不是所有人都可以合作的，长久的合作需要有基础。这个基础一个是共同的梦想，如阿里巴巴公司的梦想是让天下没有难做的生意，另一个基础是要有共同的价值观，仅仅以利益为目的的合作往往不会长久。

再次，合作者之间要经常沟通，真诚相待，这样才可以化解误会。任何人在合作中都可能会因为各种情况与合作伙伴产生分歧，这时候特别需要多沟通，同时不要忘了初心！同心同德，才能共同创造一番事业！

合作共赢，同心共创！我们在平时的生活学习中，不要以自我为中心，而要多多帮助他人，听取他人意见，共同商量来解决问题；在未来人生道路中，找到志同道合的人，彼此携手，共创辉煌！

最后，让我们仔细体会下面这个故事：

有个师父问弟子："给你一滴水，你怎么才能不让它蒸发掉呢？"那位弟子思考了一下回答说："我把它投到大江大海中，它就不会很快蒸发掉了。"

在自然界，一滴水微不足道，也是不起眼的，但是这一滴滴水聚集到一起，就会汹涌澎湃，形成排山倒海、摧枯拉朽的巨大力量。

所以，青少年们，让自己融入团队，融入社会，融入国家，融入世界，在与他人合作中达成共赢，凝聚人心，共同创造！

No.44

坚守中心，远离诱惑

现在的社会，诱惑很多，以至于很多时候我们会偏离自己的中心，轻则浪费时光，重则上当受骗，所以坚守中心非常重要！

什么是自己的中心呢？每个人的中心是不一样的。从事业上来说，有些人的中心是教育，有些人的中心是研究，有些人的中心是商业运作；从生活方式来说，有些人的中心是家庭，有些人的中心是个人自由自在。

什么是正确的中心呢？个人觉得，中心可以不一样，但前提是不可以伤害到其他人。每个人都有选择自己生活方式的权利，有些人选择一生安逸地住在一座城市，有些人选择环游世界，这都是个人的追求，但是不要因为追求自己的生活而伤害到其他人，例如，你可以选择唱卡拉 OK，但是如果深夜大声

唱吵到别人就不对了！

守住中心为什么重要呢？因为如果不清晰自己的中心，就很容易被环境、他人以及各种诱惑带偏！作为想赚钱的人，今天听说这个生意可以赚钱，就去做一阵子，过些天听说另一个项目很不错，又去做一阵子，最后多年下来往往一事无成，因为一直没有找到自己的中心！所以，找到中心并且能够守住中心的人，才能够脚踏实地的在一件事情上坚持下去，在坚持的过程中，很多的机会、财富、能量都出现了！

我在 20 多岁的时候也遇到这样的事情。在做教育的同时，因为有了一些人脉，便会和朋友们聚在一起，听大家聊各种生意经，听着听着觉得做教育挺辛苦的，觉得有个项目不错，便也参与进去，结果最后不仅浪费了时间还浪费了金钱；又有一次，中国的股票行情很好，我手上有些资金，便也参与了炒股票，因为对股票一窍不通，最后也以亏本告终！后来我反思：我这一生到底应该以怎样的事情作为自己的中心呢？我觉得还是踏踏实实做教育！从那之后，我便一门心思投入到教育中，连朋友请吃饭我都会想想和教育的事情是否有关，如果没有关系，能推则推，因为一个人此生的时间和精力是有限的，如果我们找不到中心，便会在很多没有必要的事情上浪费时间，最终耗费了自己宝贵的生命！

为什么我们会守不住中心呢？第一，因为我们的贪心。这个贪心中包含着自己希望通过小的付出获得大的回报，特别容易想取得短期利益，可是坚守中心的人可以在一个点上执着地努力，最终成为这方面的专家！第二，因为我们太在意别人的想法。当别人在耳边说着什么的时候，我们也会被影响，而忘记自己此生要的到底是什么！第三，因为意志力不够坚定。在某方面的坚持是不容易的，往往要经历很多枯燥的重复，无法坚持的人便会在中途放弃继而丢失了自己的中心！

所以，有中心的人效率是高的，结果是好的，诱惑是少的！坚守学习的中心，便可以远离游戏的诱惑；坚守利他的中心，便可以远离害人的诱惑；坚守踏实工作的中心，便可以远离传销的诱惑；坚守健康的中心，便可以远离烟酒的诱惑。

所以，青少年们，如果想收获财富——健康、金钱、地位、智慧等，就需要找到正确的中心并坚守，不被诱惑带偏。相信财富一定会来到我们身边！

No.45

发现美好，由心赞美

在《微教育》一书中，我谈到了家长要多赞美孩子。很多家长说通过学习后，自己的确赞美孩子了，但是有些孩子会说家长的赞美很假，怎么会这样呢？我便问他们：请问你们的赞美是真诚的吗？还是赞美后面有什么目的呢？家长们被我这么一问，若有所悟。因为很多家长对孩子的赞美，并不是看到了孩子的优点，而是通过学习，学会了赞美的技巧，希望用这样的技巧来达成自己的目的，这不是赞美，而是变相控制，纯真的孩子们往往能够感应到那一份真实。这样，自然有些孩子就会觉得父母的赞美假了。因此，真正的赞美不是用语言表达出来的，而是需要用心发现的。

有人不需要被赞美吗？到目前为止，我没有发现。如同每棵树都渴望被雨露滋养一样，每个人都希望能够被滋养。

佛学中称其为“爱语施”。所以，我们不要吝惜自己爱的语言，无论是对孩子，还是对父母，或者对朋友和同事，请多一些赞美。在我们立智微教育集团，有一个文化就是赞美，大家在问好之后真诚地去赞美身边人。当被赞美的时候，每个人都被爱包围着，还有人感动得落泪了。这便是爱的力量。在我们的品格课中也是如此，我会让父母和孩子互相赞美。有些父母很快说出了孩子的优点，而有些父母在说孩子优点的时候吞吞吐吐，需要绞尽脑汁思考，这就说明平时看到孩子的优点少了。一个人在发现别人优点少的时候，便会更多地发现他人身上的问题，就会总是盯着一个人说不好的方面，虽然出发点是为对方好，却会像暴雨和霹雳伤害树木一样，让他人受到伤害。所以，如果希望有和谐的亲子关系，希望有良好的师生关系，希望有美好的同窗关系，请多一些赞美。

如何赞美才好呢？需要用心去发现！如果我们赞美一株小草高大，赞美一朵花苍劲有力，赞美一个瘦小的人身材魁梧，这便是不真诚的赞美了，因为我们都没有真实地发现一个人独有的美，而是随意浮夸地说。

赞美需要用心去发现一个人做的美好的事情，把事实描述出来。当一个同学路过一个行乞的人身边，愿意施舍一些零钱的时候，可以赞美他善良；当一个同学帮助班级其他同学学习进步的时候，可以赞美他乐于助人；当一个同学把教室打扫得很干净的时候，可以赞美他能吃苦且有胸怀；当一个同学过马路的时候扶着老年人一起过，可以赞美他有爱心；当一个同学回家给父母捶背的时候，可以赞美他有孝心。只要我们有发现美的眼睛，去找到美的行为，每天都可以赞美身边人很多次。这样被赞美的人会收获鼓励，我们自己也会因为赞美他人而收获更好的亲情和友情。

有一个名为《盖章》的短视频，讲的是停车场的盖章员工休纽曼的柜台前时常排起长龙，很多人来时一脸沮丧，离去时则笑逐颜开。因为休纽曼有一门独门绝技——让对方因开心而微笑。休纽曼总能发现他人身上的闪光点，无论是刚刚失业的人、来找他麻烦的黑社会、美国总统，还是给他开罚单的警察，他总能发现他们的优点并且真诚地告知对方，让每个人都在他的赞美中确信自己的价值。这样，他不仅收获了很多的感谢，也收获了好的人脉，还在很多时候化险为夷。由此可见，赞美是极好的连接方式，通过温暖对方自己也收获了温暖。

有些人会说：我不喜欢赞美，因为我觉得赞美是拍马屁。我来说说赞美和拍马屁的区别：赞美的时候我们的发心是真实地看到对方优点并且滋养他，我们的焦点是让对方好而不是自己从中获得什么好处；而拍马屁则是为了个人的利益而巴结对方，说着言不由衷的话来讨好对方。所以两者在发心上有着本质的不同。因此，如果你是拥有爱且无私的人，尽情地去赞美他人吧！

有些人会说：我觉得对方好，放心里就好了，为何需要赞美呢？打个比方，如果我们拥有爱却不表达出来，就好像我们存了好多的水在水库，却不去灌溉一样。如果长期不灌溉，再多的水也无法滋养庄稼。所以，爱要表达出来，而赞美便是表达爱的重要方式！

青少年们，用眼睛去发现生活中美好的人、美好的事。多赞美老师，可以让老师在疲惫的时候多一些宽慰；多赞美父母，可以让父母在劳

累的时候多一分温暖；多赞美同学，可以让同学间多一份友谊；多赞美遇到的每一个人——出租车司机、服务人员或是捡起一片垃圾的儿童，可以让他们更加有力量！

所以，青少年们，发现美好，由心赞美，我们会收获一个更加幸福的世界！

No. 46 宽恕他人，释放自己

曾经有幸和《曼德拉传记》的作者约翰见面，他给我描述了他眼中的曼德拉。在与曼德拉接触中，他感觉曼德拉遇事十分从容，内心充满爱。约翰问曼德拉：“谁是你生命中最重要的人？”曼德拉回答：“你是我生命中最重要的人，因为此刻你在我身边。”所以，今天我们通过南非前总统曼德拉的故事走进“宽恕他人，释放自己”的主题。

古人言：“宰相肚里能撑船。”作为一位当代名人，曼德拉博大宽广的胸怀受到世人敬仰。2000 年，南非全国警察总署发生了一件严重的种族歧视事件：在总部大楼的一间办公室里，当工作人员开启电脑时，电脑屏幕上的曼德拉头像竟逐渐变成了“大猩猩”，全国警察总监和公安部部长闻之勃然大怒，南非人民也因此义愤填膺。消息传到曼德拉的耳里，他反而非常平静，对这件事并不“过分在意”。他说：“我的尊严并不会因此而受到损害。”几天后，在参加南非地方选举投票时，当投票站的工作人员例行公事地看着曼德拉身份证上的照片与其本人对照时，曼德拉慈祥地一笑：“你看我像大猩猩吗？”逗得在场的人笑得合不拢嘴。不久，在南非东部农村地区一所新建学校的竣工典礼上，曼德拉无不幽默地对孩子们说：“看到你们有这样的好学校，连大猩猩都十分高兴。”话音刚落，数百名孩子笑得前仰后合，曼德拉也会心地笑了。巧用别人对自己的恶作剧，反用幽默活跃气氛。在这里，幽默成为曼德拉博大胸怀的自然写照，书写着一个坦荡而豁达的胸襟，体现着一种包容万事万物的海量。

曼德拉是南非的“民族斗士”，1918 年出生，因为领导反对白人种族隔离政策而在 1962 年入狱。那年他 44 岁，被关在荒凉的大西洋小岛上。他每天早晨排队到采石场，然后被解开脚镣，下到一个很大的石灰石田地，用尖镐和铁锹挖掘石灰石，有时从冰冷的海水里捞取海带。因为曼德拉是要犯，专门看押他的看守就有 3 人，他被关押了 27 年，1990 年出狱，那年他 72 岁。

当 1994 年曼德拉出狱当选总统以后，他在总统就职典礼上的举动震惊了世界。总统就职仪式开始了，曼德拉起身致辞欢迎他的来宾。在介绍了来自世界各国的政要后，他说令他最高兴的是当初看守他的 3 名前狱方人员也能到场。他邀请他们站起身，以便他能介绍给大家。曼德拉博大的胸襟和宽宏的精神，让南非那些残酷虐待了他 27 年的白人汗颜，也让所有到场的人肃然起敬。看着年迈的曼德拉缓缓站起身来，恭敬地向 3 个曾看押他的看守致敬，在场的所有来宾都静下来了。

曼德拉说，自己年轻时性子很急，脾气暴躁，正是在牢狱中学会了控制情绪才活了下来。他说，感恩与宽容经常是源自痛苦与磨难的，必须以极大的毅力来训练。曼德拉说起获释出狱当天的心情："当我走出囚室、迈过通往自由的监狱大门时，我已经清楚，自己若不能把悲痛与怨恨留在身后，那么我其实仍在狱中。"

看看我们的周边，很多人之所以总觉得烦恼缠身，充满痛苦，总是怨天尤人，多半是因为缺少像曼德拉那样的宽容和感恩。有些人因为别人对自己的一些不好，便将这样一份仇恨记在心里面，认为自己的不幸福都是别人造成的。随着岁月的更迭，这样的抱怨与愤怒并没有减少而是加重了，而这样的仇恨并不能让我们开心。就算报了仇，也未必幸福，因为真正囚住我们的不是那个仇人或者那件坏事，而是我们自己的心。心小了，小事也会成为大事；心大了，大事便成了小事。所以，能够宽容他人的人，都有一颗豁达的心，同时也更加明白人生中什么是最重要的。不要因为自己的得失、面子等，忘记此生要做的最重要的事情是什么，否则，最终不是放不过别人而是耽误了自己。

作为学生，可能会被老师批评甚至冤枉；作为子女，可能会被父母控制甚至责骂；作为朋友，可能会被误解甚至欺骗。请豁达一些，如此心情才会好起来。心怀感恩，相信坏事背后有好事。

所以，青少年们，宽恕他人，释放自己，拥有一颗豁达的心，做更重要的事！

No.47

点亮自己，照亮他人

我们很多人想去帮助他人。如何去做呢？首先要帮助自己！如同一盏灯，如果希望去照亮别人，首先应当点亮自己。这是我在品格助教会上和大家分享的第一句话。

我们爱自然生命力体系的课程中会有很多助教们来支持。作为助教，如果我们想支持到他人，首先要让自己充满能量！一个自己内心不开心的人，就算强颜欢笑，也很难让周围的人开心起来；一个自己不够阳光的人，也很难让身边的人沐浴阳光；一个自己都不够富裕的人，就算有帮助他人之心，也会因为实力而影响帮助人的多少！所以，不断地修行自己是利益他人的核心。

有人问我：如果你一共有 10 万元，你会捐出来多少呢？将所有的钱都捐出来才是爱吗？我个人只会捐出 1 万元，然后用剩下的9万元再去赚到100万元，然后再拿出10万元来做慈善。一个人不要因为慈善和爱心伤了自己的元气，否则便难以持续发展。只有个人不断地发展才能够帮助更多的人。当然，全然付出的爱心出发点是好的，但是利他也需要有智慧。

在教学中，我会尽可能地回答大家的问题，因为我希望可以帮到更多的人，但是我不会让自己的私人时间全部被占据。我会婉拒一些授课邀请，因为我知道需要留有更多的时间去学习，去研发，只有这样我才能够在未来帮到更多的人。我们不能够天天煮米而不去种稻，这样终究有一天米会吃完的。所以，作为老师，不断地提升自己，才能更好地帮助学生成长。

有人一脸羡慕地问我："晓平老师，你怎么总是那么能量满满？"其实，我也不是所有时间都能量满满，也会有不开心、烦恼和能量下降的时候。当我不开心的时候，我便会去学习，去找我的老师给我指导，去找朋友们交流，去多读一点书，因为精神的能量是需要补充的。否则作为老师，自己没有了精神如何去感染身边的人？父母也是如此，如果自己没有了状态，烦恼、易怒，如何教育孩子？我们的课程可以复训，便是让家长们经常来补充能量的。曾经有一个孩子对我说希望他的爸爸经常来上课，我问他为什么，他说爸爸每上课一次他的日子便会好过几天。可见，补充自己的能量有多重要！

曾经因为"钓鱼岛事件"中日矛盾升级，当时很多爱国人士去游行，去打砸日本品牌的商店来泄愤，甚至在街头烧毁日产车。我个人不认同这样的举动，现在经济已经全球化了，我们打砸的商店和烧毁的车辆和我们中国人都有关系。如果我们真爱国，不要想着去如何消灭对方，而是让自己先强大起来。纵观历史，所有国家的衰败都是先“内忧”，然后才是“外患”。作为中国人，最好的爱国，是先做好自己，好好学习、好好工作，提升祖国的科技能力和综合实力。当国家强大了，很多的问题便迎刃而解了。

所以，青少年们，行动起来，点亮自己，照亮他人！

No.48

点亮他人，照亮自己

我们如何能够照亮自己呢？方法是点亮他人。这是我在品格助教会议上和大家分享的第二句话。这句话好像和上个篇章是矛盾的，其实不然。因为一阴一阳谓之道，你中有我，我中有你。正如孔子所说的“己欲立而立人，己欲达而达人”，成人方能达己！打个比方，当我们用自己这支蜡烛点亮另外一支蜡烛的时候，我们便多了一份温暖；当我们点亮成百上千支蜡烛的时候，我们自然会被温暖包围着。

有时候因为课程多或者连夜赶路，在上课前的清早，我不是那么有精神，但是上课后我的状态会随着课程的进展而变得越来越好，因为收获了很多人的鼓励，并且自己的能量与现场听众的能量在一起相互交织，彼此循环，自然也就越来越好。所以，讲课本身也许会消耗体力上的能量，但是自己内在的能量会随之提升。一个人口才和智慧的提升不能仅在课堂的学习中，还必须付诸实践，因为智慧来源于分享。我经常与身边的人分享：不仅要学习，更要把学习到的东西拿出来分享，因为分享本身就是学习的重要方式。这也是我的切身感受。十多年来，因为不断地分享，自己的智慧也得到了提升，甚至在课堂上常有“神来之笔”的感觉，不知道有些想法是怎么出来的，可它却真实地发生着。品格课中我们设计了一个环节——让学生们用简洁的语言把自己的学习心得写在书上，然后到街上将书卖给路人，所得的款项作为善款捐献给需要的人。学生们尝试之后，有的卖掉了，有的没有卖掉，但当他们带着一颗善心去做这件事情的时候，已经因为这件事情受益了——他们更加理解父母赚钱的不容易，更加知道如何与人沟通，更加明白如何想办法达成目标，更加知晓如何通过团队合作来相互帮助，并且收获了一颗豁达的心！

当然，点亮他人不一定是件容易的事情，对此请多一分理解。如同自然界的每种物质的燃点都不一样，越是难的事情往往也越考验我们的能量。相信随着自己能量的提升可以点亮一切，如同太阳一样。同时，点亮他人的过程未必被他人理解，这也不重要，因为点亮他人不是重点，修行自己才是根本，这点需要好好去悟。

通过名人事迹寻找规律。回顾前面的名人们，他们的心中装着天下的人，他们想去利益天下的人，无论是孔子思考如何让这个世界更加和平，还是稻盛和夫带着利他之心去做事业，都是带着点亮他人人生之路的愿望而最终自己收获了一颗光明的心！

所以，青少年们，如果希望此生可以更好，就去让更多人因为你的存在而变得更好吧！点亮他人，照亮自己！

第4章

答品格修炼 20 问

品格是一个不断自我修炼的过程

原本写完种下 48 颗品格的种子的部分，本书便应该结束了，可想想，如开篇所说，品格是看不见的，却又无处不在。品格是无形的，却指导着实际的行为。所以，希望能够增加这一章节，来探讨一下如何用品格指导我们的现实生活，举些案例简要回答，然后一起将品格的种子落地生根。

关于品格，知易行难。品格的塑造是一个不断自我修炼的过程，这个过程不容易，会不舒服，但若扛过去，便会成就一个升级版的自己。

给大家分享一个故事：

某地有一座即将落成的佛寺，要雕刻一尊佛像，找来两块非常有灵性的大石头。两块石头质地差不多，但是其中一块略微好一点，所以雕刻师就拿这块较好的石头先刻。在雕刻的过程中，这块石头常常抱怨：“痛死我了，你快住手吧！我不想让你刻了。”雕刻师好言相劝：“你再忍一下，再过两个星期就好了。如果你能忍得下来，就将成为受万人膜拜的佛像。”它听了后说：“好吧，我再忍两天。”结果在这两天中，它还是拼命地喊叫，喊得雕刻师心烦意乱，最后说：“好吧，那你先歇一会儿。”于是雕刻师把它放到一旁，然后对另一块石头说：“我现在要雕刻你，你可不能喊痛。”这块石头说：“我绝对会一声不吭，你大可放手雕刻来磨砺我。”雕刻师因为受第一块石头的影响，边雕边问它痛不痛，这第二块石头没有任何怨言。终于，两个星期过去了，第二块石头被雕刻师雕成佛像，万人前来膜拜。而第一块石头则成了众人脚下的铺路石。

所以，品格是一个修炼的过程，需要知行合一才能起到作用，从而让自己的生活更加美好！接下来，让我们一起思考 20 个问题，一同来探讨答案！

No.1 迷恋手机，总是放不下手机怎么办？

现在手机几乎成了我们身体的一部分，特别是成年人，青少年反而好一些。为什么这么说？因为青少年还在上学，很多学校上课期间是不可以带手机更不可以玩手机的，所以手机的使用得到了一定的控制。而成年人则不然，不仅打电话需要手机，工作沟通、订票、点外卖、导航、娱乐等，几乎都离不开手机。

手机的确给我们带来了方便，但也带来了挺多的问题。现在，低头族越来越多，难得的同学聚会变成了各看各的手机，甚至有位妈妈说孩子和手机同时掉到地上，孩子他爸首先捡起来的居然是手机。长期使用手机会伤害我们的眼睛，也会给颈椎带来麻烦，还会让我们进入碎片化的思考而影响专注力。

手机是方便我们生活的工具，我们可不能成为它的奴隶。

所以，我们必须合理使用手机，而关键是要强化自己的自控力和时间规划能力。

我个人也受手机困扰，但当我意识到手机带来的短期好处和未来长期存在的问题时，我就必须要加以克制，因为“智者畏因，愚者畏果”，我们要看长远。

如何控制呢？

第一，每天分成早、中、晚三个时间段来回复微信内容。不要时不时看微信，尤其不要在等红绿灯时看微信，不仅不安全，还会让太多的碎片时间占据自己的宝贵时光。

第二，能够用电话解决的问题不用微信。因为电话沟通的效率会更高，而微信因为不知道对方什么时候回复，来回交流比较浪费时间。

第三，不要迷恋“抖音”等短视频内容，因为其中有效的内容不多。当然如果为了娱乐另当别论。

第四，在坐飞机、乘火车的时候带本书看，或者直接工作。否则没事的时候很容易拿出手机来玩。

第五，将手机中不重要的应用全部删除，降低自己对无效应用的依赖。

第六，在开会、学习、工作时远离手机，设想现在是要乘飞机几个小时，必须将手机调成飞行模式。很多时候我们觉得手机中总有重要信息，其实并没有。

让我们提升自我控制能力，提升时间管理能力，同时持续不断地坚持，养成合理使用手机的习惯吧！

No.2 沉迷游戏，无法自拔怎么办？

上课的时候请家长反映问题，他们提到最多的就是：孩子迷恋手机怎么办？我个人觉得，青少年们迷恋的不是手机，而是手机里面的游戏！

每次带学生出国，家长们都特别强调不要让孩子们长时间拿手机玩游戏，所以每天晚上所有手机都交到我的房间，学生们还微笑地叮嘱我别忘了给手机充电，然后大早上各个手机闹铃声此起彼伏。我便和学生说：“咱们何必相互折磨呢？如果大家能够都控制好，我也不用收手机，大家舒服，我也舒服。”

其实，喜欢玩游戏的孩子聪明。记得我上高中时，班里的几个学霸游戏都玩得很好。可是如果过度玩游戏，一定会对自己的健康、学业产生不良影响。

首先，对于游戏，青少年们要明白，这是人生的“小吃”，千万不能把它当成了“主食”，否则自己的人生便会为此付出代价。人要往长远看，如果我们可以靠玩游戏活出精彩人生，那可以沉迷游戏中，但是成为电竞选手养家糊口，这样的概率毕竟太小了。所以青少年们一定要知道自己到底要什么，坚守自己的中心。

其次，游戏之所以容易上瘾，是因为众多游戏设计者希望大家可以沉浸在游戏中继而带来更多的商业价值。

如果你是个智慧的人，就不该掉入别人设计的“陷阱”而荒废了自己的人生。当一个人有追求的时候，时间对他来说特别宝贵。我是不看电视剧的，不是电视剧不好看，而是看了容易上瘾，太耗费时间了！

再次，如果你在游戏里面找到了成就感，记住，那只是虚拟世界的成就感，而回归现实，在现实中努力，每天突破自己一点点，你的成绩会提高，你得到的鼓励也会越来越多。无论怎样，我们终归要生活在现实中，所以找寻现实中的成就感更重要。希望父母和老师给孩子更多的鼓励！

最后，自己的人生需要自己把握。如果愿意，控制自己的游戏时间，如同那些控制自己延迟满足的孩子一样，你将因为自控而收获一个更加绚烂的人生！

No.3 不想学习，提不起兴趣怎么办？

为了学习而学习，往往无法提起兴趣，因为不知道学习是为了什么。所以，各位青少年，希望你们能够拥有一个梦想，让学习和梦想之间产生关系。这个梦想可以是：学习好了可以好好旅游一趟，学习好了可以进入中国最美的大学，学习好了可以走向世界……无论大小，都给自己找个梦想去追求，当学习与自己想要的生活有了关系，相信因为有了这个梦想你会多一分学习动力。

为了他人而学习，往往难以有兴趣，因为动力会不足。有些同学的学习是在家长、老师的督促甚至逼迫下进行的，这样的学习很难让自己开心，因为被逼迫做事情本身就不开心。所以，既然都要做，为何不主动去做呢？大家可以试一试主动学习的感觉。当你主动学习的时候，你会拥有成就感，会更加高效，学习的愉悦感也会增加。所以，我们的学习主要还是靠自己，父母、老师只是我们学习的辅助者。

独行快，众行远。跑马拉松的时候，如果一个人跑，往往越跑越累，如果和一群人一起跑，大家相互加油支持便会多了许多力量。所以加入一个爱学习的圈子，大家相互支持，当对方有了一点点进步的时候，赞美一下，相信自己的进步也会得到团队的赞美。

小步精进，知足常乐。对自己不要那么苛刻，每天进步一点点就好！别人的学习如何，实则和自己没有关系，不要因为和别人比较而丧失了自信。同学之间是相互帮助的，高考的时候不是和全班同学比拼，而是要向着心中理想大学的分数冲刺！所以只要朝着那个分数每天进步一点点就好，哪怕每天只进步 0.5 分，一年都可以提高 180 多分。

希望各位青少年，把学习当成修行，带着吃苦的精神，互相帮助，超越自我！

No.4 做事拖拉，磨磨蹭蹭怎么办？

性子慢的人做事的确会慢些，很正常，因为他们做事情往往比较仔细。这时候要注意提醒他们：不能追求完美，因为过于追求完美的时候，会把时间用在不重要的事情上，结果把重要的事情耽误了。

同时，拖拉常常是因为没有做很好的时间规划。做事情要给自己一个截止的时间，按照截止日期来督促自己，结果便容易达成了。如果完全随性安排，往往拖着拖着事情就被拉下了。我这本书正是因为定了截止日期，要在带团去澳洲之前把主体内容写完，所以大过年的一直在家“拼搏”，终于在去澳洲之前的一天写完了。

再者，拖拉往往有惧怕某事的原因。也许这个事情难度大，便自然地放到后面去做。实际上理性的人经过分析，要把重要的事情放前面，因为难度大的事情才能够真正体现我们的价值。所以要敢于面对挑战，直接去做，最后你会发现自己的潜力原来如此巨大。

最后，凡事提前五分钟。无论是开会，还是出席活动，这样的习惯会让我们更容易静下心来做事情，效率也就高了，同时也会避免很多因为时间太匆忙而带来的隐患。所以，心静手快是个很高的水平，在考试时尤其如此，到考场要提早，然后静下心来，迅速答题，成绩一定会在这样的磨炼下越来越好！

希望各位青少年，凡事趁早，因为这样不仅效率会提升，心情也会舒畅！

No.5

喜欢嫉妒，看不得别人好怎么办？

喜欢嫉妒的人，就算被嫉妒的人短暂消失了，自己也不会快乐，因为他很快会找到另外一个人来嫉妒。只有让自己的心变得豁达了，利他了，这样才能快乐起来！

很多学生从小在比较中长大，学习成绩被比较，长相被比较，家庭背景被比较。当一个人被比较得多了，自然就产生了比较心。比较心多的时候，看到别人哪些方面比自己好，便容易产生嫉妒心。

其实，我们每个人都有自己的生活，每个人此生的意义当是让明天比今天更好一些，这不在于别人，而在于自己。每个人生命中的幸运和不幸都是不一样的。这个世界上没有完美的人，就算我们羡慕的人也不是完美的，他也一定有着自己的烦恼和痛苦。既然我们嫉妒的任何人都会有烦恼和痛苦，我们为

何不多些祝福和滋养呢？所以，把嫉妒改为祝福，我们便会收获幸福。

再者，把自己的小我放少一点。嫉妒的背后是把自己看得太重要了。我们前面讲过要心怀天下，拥有利他之心。当一个人愿意成就更多人的时候，他的私心便会越来越少，像特蕾莎修女一样爱天下所有人，这时候便会找到人生的价值，这种利他所获得的成就感远远超过把对手比下去的成就感。所以，放下小我，多帮助一些人，我们便会收获喜悦。

青少年们，当嫉妒心起来的时候，告诉自己：他活他的，我活我的，最重要的是超越自我，利益他人，开心起来！

No.6

总爱发火，无法控制情绪怎么办？

发火于人于己都没有好处。发火的时候不仅会伤害到他人，也会伤害到自己，因为一个人发火之时，往往不太能够控制自己的语言和行为，容易说出难听的话，做出拳打脚踢的动作。同时，根据研究，发火时身体会产生毒素，对健康不好。所以，学会控制情绪是一个人一生都需要修行的功课。

人都是有情绪的，生气是很正常的。所以如果发火了，就接纳自己的这个情绪吧，否则发完火之后后悔，又会产生另外一个不好的情绪，会让一个又一个负面的能量持续影响自己！

再者，有些人虽然有火，但就是发不出来，如同要喷发的火山一样，在内部剧烈运动，这样的内耗对自己也有伤害。

那我们该如何做呢？第一，我们要拥有一个豁达的心胸。

人类历史几十万年，宇宙无边无际，站在这个角度来看自己遇到的事情，问问自己：我们遇到的事情真的是很大的事情吗？值得我们发火吗？其次，要发火的时候，觉察一下自己当下的感受。当静静地感受这种感受，而不是聚焦在让自己愤怒的事情上时，情绪便会得到好转。再者，给自己数数，从1数到100，也可以离开当下的场合，换个地方透透气。在此时想想自己人生中美好的事情，转化一下情绪，通过正面思维想想刚才那件坏事背后有什么好事。第四，情绪的修行是一生要做的事情，也许原来因为一点小事，如走路不小心与人相撞，便会发火，到后来这样的事情已经不会对自己有影响了，因为可以站在更广阔的空间看待当下自己经历的事情，并且知道自己人生的中心在哪里。慢慢地，我们便会发现我们的心胸开阔了，能够包容更多，再大的火，哪怕如同太阳一样，也可在浩瀚的宇宙中成为一颗星！

所以，青少年们，让自己的心胸宽广且长远，当下的很多事情就不值得生气了！

No.7

遇到批评，心里难过放不下怎么办？

父母批评孩子，老师批评学生，老板批评员工，都是很正常的事情，首先，我们不要认为批评是不对的，批评是非常重要的一种教育方式，包括自我批评！我们要注意的是批评的方式，如果将批评变成发泄自己的情绪，甚至辱骂和殴打，是会伤害他人也伤害自己的。其次，批评是艺术，批评得合理，被批评对象会因此受益，批评得不合理则不仅不能起到教育作用，还会产生一些恶劣后果。这样的情况已经屡见不鲜。关于如何批评，我在此不详细说，只建议批评的时候多多“换位思考”。

有些人被批评之后，便会难受，这也正常，可是一个成熟的人，是可以让自己很快从负面情绪中走出来的。

那如何面对批评呢？首先，看看批评我们的人的发心是不是为我们好。如果是为我们好，哪怕方式不好，我们也当心怀感恩，知道他们特别在意我们，否则根本没必要批评我们。其次，想想批评对自己的好处。因为坏事中有好事，如果是受委屈了，是否会让自己更加豁达，让自己拥有吃亏、吃辱的精神。多让自己思考批评中好的一面，因为相由心生，境由心转，人生的成长总要经过磨砺，在磨砺中坚韧自己的内心。再次，不光对于批评，就是对于他人的诋毁、拒绝，我们都要学会快速放下。不要过度在意他人的眼光，否则，这些负面的东西会让我们自己不自信。告诉自己一句口头禅："你说你的，我活我的！"最后，有些时候不能立刻接受批评，并且因此心情不好，这也很正常，但可以让自己难过的时间变短，放下的速度变快，这便是一种进步了！

所以，青少年们，学会放下，这样才能轻松面对人生的压力！

No.8

害怕失败，常有恐惧在心头怎么办？

因为害怕失败，所以很难去创新！在前面我们专门讲过“失败不败”这个话题，我们以为的失败未必是失败，也许只是暂时的不如意，在未来的道路上也反而会让自己受益较多。俞敏洪和林清玄都曾参加过三次高考，在当时看都是失败，可现在看都是“财富”！

不仅学生们，父母们也会因为担心失败而陷入紧张、担忧、恐惧和纠结中！常有学生父母说：“还有一年就高考了，这是人生里面最关键的时刻。”我赞同高考的重要，但我不认为它是最重要的时刻，我想人生中有很多时刻会比这个重要。另外，我认为人生的每时每刻都很重要，因为我们的人生是由分分秒秒组成的。人生需要体验的是一种过程，所以如果问大家多少人能够接受自己和自己的孩子考三次高考，我想大部分人的答复是不能，可如果前提是三次后就会成为大有作为的人呢？我想大多数人都会愿意了！

所以，我们需要明白，成就与逆境、智慧与烦恼、创新与失败，它们都是相辅相成的，如同阴阳两面，我们不能只想着成就、智慧和创新，却不愿意面对逆境、烦恼和失败。只要我们通过反思，一定是可以从逆境、烦恼和失败中收获极大好处的。既然有好处，我们便应该去拥抱，然后多问问自己：我从中收获了什么？而不是陷入挫败的负面情绪中。正面思考的思维方式非常重要！

同时，多问问自己：如果失败最糟糕的结果是什么？我能否承受？就像坐过山车，很多同学都会恐惧，我便问他们：最糟糕的结果是什么？也没什么结果，对身体健康的人而言，无非就是吓出一身汗。因为这些设备都是安全的！当把最坏的结果考虑好，就去面对，最后会发现没有自己想得那么恐怖！

所以，面对失败，正面思考，接受最坏的结果，别总是自己吓自己。让自己的人生经历多些起起伏伏，有起伏才有风景！

No.9

害羞胆小，不敢与陌生人交流怎么办？

虽然我经常上台演讲，但在生活中我其实是个挺害羞的人。记得大学刚毕业时，和一些久经商场的人在一起吃饭，我便很害羞，不好意思和他们交流，以至于到吃饭结束，我都没有说上几句话。可是，人生是需要突破自己的，我之所以不说话，除了害羞之外，还因为我对吃饭这个场合不适应，如同有些人对于上台讲话不适应一样，只要适应了，害羞情况便会好转。后来，我就连续地多参加这样的饭局，一开始聊天依然不太能够进入他们的状态，我就端着酒杯去敬酒，然后听他们如何说，时间长了，我发现自己也越来越进入状态，现在吃饭聊天便随意多了！因此，对于自己不适应的害羞，多去经历一些，有些同学上台害羞就多上台，状态一定会越来越好！

面对陌生人也是如此，很多恐惧是我们自己想象出来的，害羞也是自己的一种认为罢了，其实我们具备极大的潜力。在国外，我让同学们找外国人拍照，刚开始大家都害羞，但鼓足勇气去经历后收获的是兴奋，因为没有自己想得那么复杂。所以，害羞的时候要让自己的脑袋想得少一些，想多了便会产生很多纠结，如果鼓起勇气去做，就算被陌生人拒绝了，也是一次美好的经历。所有的销售都是从被拒绝开始的，品格中的心性也是通过一次次这样的实践提升的。

多鼓励自己，做心理暗示，把陌生人当作自己的朋友，甚至还可以把他们当作自己，这样便会多了一分熟悉，同时少了一些恐惧！

所以，青少年们，别想太多，直接行动，很多事没我们想得那么复杂！

No.10

好高骛远，想很多做很少怎么办？

这个世界有梦想的人多吗？多！你去问问看就知道，几乎每个人都有梦想！有些人的梦想成了现实，可大部分的人梦想成了空想！为何？因为知道做不到！有这样问题的人其实不少，我也是其中的一个！

我经常想着要锻炼身体，并且年初给自己制订了计划，但是因为工作忙、懒惰等原因最后都没有实现，六块腹肌的梦想至今仍是一场梦！在课堂中，有人说自己的脾气不好改不掉，寻求我的帮助！我回答：我真的帮不了，因为能够帮我们的只有自己！想成功的人很多，但是愿意早起的，愿意付出的，愿意面对众多困难的人不多！我看过小米公司的创始人雷军的工作日志，我们羡慕他的成功，却没有发现他这么多年一直十分努力，几乎每天晚上都工作到深夜，并且用极大的毅力面对各种各样的困难！

那具体如何做呢？好高骛远，就是不切实际地设定自己的未来。我们设定未来的时候可以遥远，但除了遥远的梦想，还要设定一个个阶段性目标，而不是夸海口的吹嘘，因为再高的山只要一米米攀登终能登顶，再远的路一步步走终能到达！所以，既要有远大的梦想，也要有阶段性目标！对于成绩，哪怕每次考试提高一分也可以；对于脾气，哪怕控制的速度快一秒也可以；对于健身，哪怕每次多锻炼十分钟也可以！

所以，青少年们，心怀梦想，然后再分解为阶段性目标，带着毅力坚持下去，坚持不懈，直到成功！而不是在无法实现的梦想中止步不前，自怨自艾，最终耗费了自己的青春！

No.11 压力太大，有些扛不住怎么办？

每个想进步的人都会存在压力，有些人讨厌压力，不喜欢面对，而有些人明白“境由心转”，通过调整自己的心态来面对压力，并且在压力中成长！

为什么我们会有压力？究其原因，是能力不足！能力不足便会产生压力！例如，有些人挑 100 斤的担子走路如风，而有些人却寸步难行！不是因为担子重，而是因为挑担子的人能力不一样！我们面对压力时，往往有两种做法：第一种是逃避。这时压力会瞬间消失，我们也会恢复到舒服的状态，但是这样我们的能力无法提升。第二种是面对。当我们鼓起勇气并且从第一步开始行动，脚踏实地面对的时候，我们会存在不舒服。但所有问题终将在坚持中被解决，这时候我们也会收获能力，同时收获一种极大的快乐。这种快乐来自克服压力后的成就感，以后我们再遇到类似的事情便可以从容面对了！

所以，对于压力，该扛还是要扛，这是一个成长的过程！同时，要学会面对压力，释放压力。此刻写这篇文章，我们刚刚结束在澳大利亚的游学，正在回程的飞机上。这次游学有位同学因为面对学校上百份试卷的作业压力甚至不想来了，最后经过沟通才肯来，但在前面的几天里他一直愁容满面，作业的压力已经给他的心灵蒙上了阴影。在游学中，我们在农场仰望星空，在游艇上看海鸥在夕阳中飞翔，最后的两天他终于放开了。当自己内心豁达的时候本有的压力也会减少，如果在压力中不释放，正如他说的，都快得抑郁症了！所以，放下、放松、想开是释放压力的重要方式！

对于压力，不要总是在脑袋里面想，而要去行动。在压力大不想做事的时候，我就经常待在家里面，先让自己静一静，然后从收拾房间开始，让自己开始做事。因为哪怕有一件有意义的事情在被解决，我们的压力也会释放，而压力持续下的停滞则会让我们没有成就感，继而产生更大的内耗！

当然，不要一个人去扛这个压力，可以找人倾诉，可以找人帮忙分担。同样的担子，几个人一起扛就轻松了。未来越来越强调团队，我们的家庭也是一个团队。当一个人有压力的时候，不要再去指责他，而要多一些鼓励，多一些分担，相信在有爱的环境中，我们的压力也会得到改善！

青少年们，人生是一场修行，在压力中的修行，面对它，我们终将迎来海阔天空！

No.12 朋友交往，被冤枉被误解怎么办？

有学生和我说，他很在意同学之间的情谊，但是最近他最喜欢的同学因为一次误会和他疏远了，他心里面很难过！

对于误会，最重要的就是要真诚地沟通。如果没有沟通，会通过自己的遐想让很多简单的事情变得复杂。对于沟通，自己要主动起来，真实地表达自己的想法，当然沟通过后关系未必就会恢复，但是至少自己做了努力，而不会因为没有尝试就让一份友谊消失！

同时，要多多换位思考。有些事情没有谁对谁错，而是彼此的观点不一样，若总把自己的观点强加给别人，往往会让与我们交往的人感觉不舒服，继而心越走越远！

然后，正确地看待冤枉！不少人在面对冤枉的时候，会很委屈，其实冤枉也可以给我们带来很多好处，可以让我们多一些反思的机会，可以扩大我们的心胸！有些事情，我们要脱离事情本身来处理，不要总是在事情上争对错，而要用智慧和豁达的心去面对，很多事情也就变得简单了！很多友谊都是在误会的化解中变得越来越深厚的！

另外，对于友谊的重视是好事，但是也不要陷入友谊和感情中不能自拔，更不能控制他人。有些同学甚至会因为自己的好朋友和别人玩得好了而生气，这样就不是友谊而是控制他人了！每个人都有着自己的缘分，如果自己努力，最后还是远离了，那也需要调整好自己的心态面对，因为人生中聚散离合常常发生，如同一场旅行，有开始也终将会结束。我们能够珍惜的是眼前的时光，在一起的时候好好珍惜，不在一起的时候互道珍重，而不是在一起的时候觉得时间还多着呢，不在一起的时候后悔当初没有珍惜！

青少年们，珍惜友情，帮助他人，发生误解时真诚沟通，相信我们的朋友一定会越来越多！

No.13 父母控制，不被父母理解怎么办？

为什么孩子常常会感觉到父母在控制自己呢？因为父母很爱自己的孩子，因为爱便会产生担忧，担忧孩子发生问题，所以便控制孩子这不能做那不能做；因为爱便会产生期待，希望孩子有更好的发展，所以便会对孩子有很多的要求！

所以，青少年们，当你们感受到来自父母的控制和压力的时候，首先要明白这是父母的爱，虽然这种爱的方式未必智慧，但是请一定不要怀疑这是一份爱！当我们可以明白这是爱的时候，我们便会多一分理解！当然，作为父母，如何去更好地教育孩子，这是需要不断学习和修行的，否则父母的爱最后往往会对孩子造成伤害，使亲子之间甚至到了势不两立的状态！这样的情况经常发生，有些孩子连和父母微笑、拥抱、交流都不愿意了！

那如果遇到了父母控制我们，让我们不舒服怎么办？首先，我们需要和父母沟通，你可以告诉父母："我知道你爱我，但是你的方式会让我不舒服。"无论年龄大小，每个人都应该被尊重，所以同学们可以和父母进行真诚的交流，把自己内心的感受表达出来，而不是积聚在心里，到了某天爆发。其次，我们可以邀请父母走入父母学习的课堂，学习如何更好地教育。因为我们看到很多父母学习成长后改变了，孩子也跟着发生了改变。再次，我希望你们明白，青出于蓝而胜于蓝。现在我们青少年接受的教育品质大多是超过父母那一代的，所以我们应该能够更好地面对这些问题，用我们的智慧去化解，而不是简单地用自己的抵抗情绪去面对，先处理心情再处理事情。复次，想想父母控制的好处。我们每个人都有惰性，有些时候光凭自觉是不够的，还需要外力的监督。父母便是很好的外力，可以让我们变得更好。因此我们应该对父母心存感恩。最后，如果真的不希望自己的人生被他人控制，那就去创造自己的人生，把自己的标准定得比父母的标准还高，超越他们的期望值，明白人生是需要自己去创造的，那你将会在让父母欣慰的同时也获得美好的人生！

青少年们，真诚沟通，感恩控制，主动创造自己的幸福人生！

No.14

老师批评，不喜欢老师怎么办？

在与青少年交往中我发现，不少同学的成绩不好或者严重下滑的重要原因是和某位老师的关系不好。所以，作为老师，和学生建立良好的师生关系非常重要，没有好的关系难以有好的教育！那学生为何不喜欢老师呢？其中一个重要原因是老师经常批评学生！作为老师，当然有权利批评学生，但是一定要注意批评的方式，要和学生们换位思考，否则我们的批评不仅不能带来正面的教育，还破坏了师生之间的关系，有些同学从此憎恨老师、不配合老师，也更加不认真学习，所以作为老师，我们需要不断成长。

但作为青少年，我们也应当理解老师们！我经常会让老师们分享他们一天的工作安排，老师除了要教育班级几十名学生，还要面对几十名家长，还要面对考试排名的压力，工作量极大，常常早出晚归，同时，大多数老师已经有了自己的孩子也需要去教育，还有来自家庭的压力，所以父母教育自家一个孩子都不容易，老师同时教育着几十个孩子更是不容易！希望同学们可以和老师们多多换位思考。相信理解了老师的不容易，善良的同学们就能够很好地化解自己内心的不舒服！

另外，作为老师，我是相当明白的，当我们批评一个学生的时候，是希望这个学生好，而如果一个老师真的想放弃一个学生了，便不会再批评这个学生了，因为批评学生的时候老师也不舒服，所以批评本身说明了老师对学生的重视。虽然有些老师批评的方式有待改善，但是作为学生，如果能够感受到老师批评背后的爱，那我们就更加成熟了！

当然，有些同学会遇到一些的确不太讲道理、乱批评的老师，这时候就告诉自己，这是扩大自己心胸的机会。而且，学习是为自己的，不是为老师的，如果因为老师不喜欢自己就不喜欢这个老师，继而不好好学习这门功课，耽误了自己的前程，这是愚蠢的！任何因为他人的指责和批评，就通过放任自己来报复的想法都是不成熟的。智慧的做法是不断地成长自己，超越自己，用实际行动和好的成果来证明自己的价值。这才是正面的思维方式。

最后，当你喜欢老师的时候，老师才会喜欢你，因为人的感情是相互的。如果你在遭受了很多委屈的时候，依然能够看到美好，这说明你拥有了博大的胸怀和一双发现美的眼睛！

No.15

单亲家庭，心里面有阴影怎么办？

现在因为各种原因，单亲家庭的数量在上升，有些同学也身处单亲家庭，每当提及父母这个话题的时候，他们中的不少人会去回避。有一次我看到游学团中一个同学的资料，他便来自单亲家庭，现在和妈妈生活在一起，当我和他单独交流的时候，他说："老师，我们能不能不谈这个话题？"出于礼貌，我们本不应当提及他人的隐私，特别是不应该直接询问他人的年龄、婚姻、家庭等情况。可是此刻我是老师的角色，我便和他说："我知道这个话题让你不舒服了，可是如果你不能够直接面对让自己不舒服的问题，并从中走出来，那这一辈子，每当别人提及这个话题的时候，你都会不舒服，如果我们真实地面对，其实并没有我们想得那么糟糕。"他听完之后，眼神中少了逃避，多了面对。当内心强大的时候，人的眼睛中会自然呈现出来。

单亲家庭并不是一件不好的事情。父母两个人本来是陌生人，因为感情等多方面原因彼此携手，结为夫妻。在这个过程中，因为各种原因，他们觉得在一起生活不幸福，想分开来生活，这样可能让彼此都更加幸福。人都有追求幸福的权利，父母也是如此。我相信绝大部分的父母在结婚和离婚的时候都是慎重的，都是为了追求更加美好的生活。孩子是父母所生，父母之间没有血缘关系，但是父母和孩子都有血缘关系，这是一条永远都割不断的纽带，父母就算分开了，也不会因此割裂和孩子的关系。所以，作为孩子，我们也要尊重父母的选择，并且带着祝福让父母越来越幸福。我知道这并不容易，可我相信当我们带着祝福而不是抱怨去生活的时候，幸福离我们会更近一些！

有些孩子在单亲家庭环境中抱怨，觉得是父母的错、他人的错让自己受到了伤害，甚至自暴自弃；也有些孩子在单亲家庭环境中创造，让自己更加有担当和负责任，对自己的父母更好，也因此更加独立，创造了很美好的人生！

许多名人中也有不少人出身于单亲家庭。孔子 3 岁丧父，由母亲独自抚养长大；美国前总统奥巴马从出生就没有见到过父亲，一直由妈妈抚养长大；喜剧大师卓别林 1 岁的时候父母离异。太多的例子显示，单亲家庭的孩子也能够有所成就。外国文学史上，但丁、薄伽丘、莫里哀、斯特林堡等都出身于单亲家庭。

青少年时期面对的问题越多，带来的智慧往往也越大，关键是我们用怎样的心态去面对，因为境由心转。同时，我们的人生终归要靠自己的努力去创造，相信每个年轻人经过努力都可以超越上一代！

单亲家庭只是众多家庭形式中的一种。希望看到本文的青少年们，不要自己给自己增加烦恼，真实地面对自己的环境并且创造美好；同时，每个人也要尊重这个世界的丰富性，家庭关系中也有多种情况存在，我们不要对他人的生活评头论足，而应该多给身边的人美好和鼓励，尊重每个人。

同样，如果父母们读到这篇文章，也多塑造父母们彼此的正面形象，而不是相互指责和抱怨。奥巴马的妈妈在年幼的奥巴马面前提起他父亲的时候，总是说："你父亲聪明、幽默，擅长乐器，有一副好嗓子！"

所以，青少年们，带着乐观的心面对生活中的一切，把坏事变成好事！

No.16 父母吵架，我夹在中间怎么办？

我是幸运的，在我印象中，父母在我面前没有吵过架。但是这并不代表他们不吵架，也许因为爱我，他们很好地进行了克制，没有将“战争”爆发在我面前。可很多青少年向我诉苦，说父母经常在他们面前吵架，甚至爷爷奶奶、外公外婆也加入其中，常常让他们心里面很难受，因为都是自己的亲人，也不知道该帮谁说话，甚至不知道何为对错。所以，如果家长们读到这篇文章，希望能够给孩子们一个温馨的家庭环境，尽量控制自己，不要在孩子们面前吵架。

作为青少年，如果父母经常吵架，应该如何去面对呢？

首先，请你大声地告诉父母：“先处理心情，再处理事情，吵架解决不了问题！”当父母听到自己的孩子说这话的时候，他们会进行思考，从暴躁的情绪中冷静下来，因为父母都很爱你，你说的这句话可以缓解他们的情绪。

其次，要学会体谅父母。吵架的时候常常没有绝对的对和错，所以可以给父母倒一杯水，让他们更加心平气和一些，然后告诉他们："我们多多换位思考，彼此体谅。"如果可以的话，你也可以加入讨论，开家庭会议，冷静地处理家庭的矛盾。相信在处理的过程中，你的能力也会得到提升。不要小看自己的家庭地位。

再次，如果父母吵得非常严重，根本听不进劝告，你可以打电话向值得信任的人请求帮助，告诉他们事态的严重，请他们进行调解和帮忙，如果出现了很严重的家庭暴力，甚至可以寻求警察的帮助。

复次，如果父母的经常性争吵让你十分不舒服，你也无法解决，那么你可以离开吵架的环境，选择戴上耳机听听音乐，或者到户外去走走。相信"暴风雨"总会过去的，如果不能改变天气，就找个地方避雨，相信父母会逐步处理好他们自己的情绪。事后，你可以找自己的父母单独聊天，或者给他们写信表达，主动关心他们的心情并且和他们一起讨论如何避免争吵，让家庭更幸福。相信在你的努力下，你的家庭一定会越来越好！

最后，希望无论父母的情绪如何，你都不要影响到自己的情绪，要学会做情绪的主人。有些人在争吵中学会了争吵，但是智慧的人可以从争吵中学会冷静！同时，全家人都要不断地学习成长，父母们多多参加学习，或者全家一起读一本有关情绪管理的书，这样整个家庭才能越来越幸福！

所以，青少年们，在家庭中担当起调解员的角色，让这个家因为你而更加幸福！

No.17

暗恋同学，怎么办才好？

有些父母一听到自家孩子早恋了就特别惶恐，其实没有必要，因为进入青春期的少男少女们对异性心生喜欢，是非常正常的事情。作为父母，不要把这件事情当成糟糕的事情来看，否则只会适得其反！在这个阶段的青少年们更加需要很好的引导！

有些同学自己也会疑惑：自己才上初中，怎么就对异性有了好感？觉得这是一件很不好的事情，觉得是自己品行出现了问题，从而陷入自责。这完全没有必要！在古代，男子一般 15 岁娶妻，女子一般 14 岁左右出嫁，因为这个阶段的青少年生理已经逐步发育成形，所以按照古代的标准，现在的青春期的青少年不能加上“早恋”的枷锁。但青少年们也要对自己的生理发育有正确的认知，每一种生物，包括我们人类都有成年的时期，这个阶段，从生理到心理都会有一些变化，要正确地对待。关于这方面的知识可以阅读中国社会科学院陈一筠教授的书籍。

如果现在处于青春期的初、高中生喜欢上了一个同学，怎么办呢？

首先，接纳自己对对方的好感，不要觉得这是一件羞耻的事情。这是一件很正常的事情，说明自己开始对爱有了一定的感知，这也标志着自己已开始走向成熟。其次，对待这样的好感，一定要有界限，不能够超越界限。真正让对方能够喜欢自己的方式是不断地让自己优秀，不要因为陷入了感情思虑而耽误自己的学业。我曾经遇到过两个高中生，他们彼此喜欢，但他们是非常清晰自己人生需要什么的青少年，他们共同商定了两人未来要前往的大学，然后相互鼓励，彼此督促，最后都考上了理想的大学。像他们这样的“设计”才更加有利于他们感情的长久发展，而不只是为情所困，最后耽误了自己的人生。再次，对于喜欢的对象，你可以选择告诉对方，当然你也要做好被拒绝的准备，不可以因为自己喜欢对方就让对方也一定要喜欢自己，否则就不是爱而是一种强迫。遭到拒绝也是很正常的，要用良好的心态去面对。或者你可以将这样一份朦胧的美好珍藏在心里面，可以给对方多些关心和帮助。真正的爱不是自私的拥有，而是让对方可以活得更好。最后，遇到有喜欢你的人向你表白，如果你不喜欢，也请礼貌地拒绝，而不要伤害对方的自尊心，因为爱一个人是没有错的；可以鼓励对方，告诉对方的优点，让对方得到鼓励。这也是你的一件功德，你们也许可以因此成为很好的朋友。

所以，青少年们，正确地对待青春期中涌现的感情，这也是我们在青葱岁月中身心逐步走向成熟的表现！

No.18

同学优秀，我怎么追都追不上怎么办？

在学校，同学之间的竞争很厉害，也有不少同学因此产生了压力，觉得无论自己怎么努力，都没有办法超越对方，甚至因此陷入了极大的焦虑。

如果我们内心总有超越别人的想法，看似是一种努力，实则是一种攀比和证明。如果活在这样的想法里面，哪怕超越了这个同学，也未必幸福，因为总还是想着要去超越下一个人。

当然，人类的文明是在彼此超越中发展的，所以有人会问：超越有错吗？我不能说超越他人是否正确，但是我更希望看到的是，我们首先能不断地超越自我，同时利益他人！因为如果总想着超越他人，便会失去了自我！

有个学生成绩不好，他底子比较弱，还在一个很优秀的班级里面学习，所以无论他怎么努力，都是最后几名。有一次我和他去爬山，他和我说他的苦恼——无论他怎么努力，成绩都没有办法超越前面的同学。因此他有些灰心丧气。我一边听他诉说，一边和他爬山，快到山顶的时候，我请他回头看看爬过来的路，问他：“我们是一下子飞到山顶的，还是一步步走上来的？”他说：“当然是一步步上来的。”“所以我们不要总想着超越别人。朝着自己的目标，一步步提升就好。别人爬别人的，你爬你的，只要不停止脚步，总归会不断前进的。”他似乎听懂了，从此他开始不断地超越自己，而不是想着超越别人，成绩也随之提高。

另外，这个学生的特点是人际关系特别好，同时有很好的自理能力。这些都是非常好的优点。每个人的优点是不同的，发挥自己的优点，然后不断完善自己的不足，便会距离幸福更加近一些！所以，我们不需要总拿自己的短板和别人比，父母们也不要总拿自家孩子和别的孩子比较。每个人的情况不一样，向着自己的目标一步步地前进，这对我们更有意义。别人有别人的人生，关键是我们要过好自己的人生。当然，对于别人的优点，我们可以进行学习和借鉴，与比较不同的是，这样做的目的是完善自己，而不是进行攀比！

所以，青少年们，此生最重要的不是超越他人，而是不断地超越自己！

No.19 喜欢明星，耗费精力追星怎么办？

青少年喜欢明星，这很正常。每个时代都有每个时代的明星。我小的时候，就特别喜欢台湾偶像组合小虎队，那时候他们出的每张专辑我都会买，从《爱》到《再见》。我很喜欢听他们的歌曲，歌词中传递着正能量，同时我也喜欢他们阳光灿烂的样子，散发着青春该有的模样！

曾经有段时间娱乐节目的水准不太高，充斥着拜金主义等倾向。而现在我们的娱乐节目中正能量越来越多！现在很火的加油男孩组合（TFboys），他们便传递着正能量！他们的歌曲，无论是《青春修炼手册》，还是《为梦想，时刻准备着》，或者《不完美小孩》，都很励志，也有思想。我也很喜欢这样的组合。中央电视台曾经播放了关于他们的纪录片，观看完纪录片后，我对他们更加敬佩，看似不懂世事的三个男孩，却有着极好的品格！他们会做好时间管理，让自己的学业和娱乐事业两不误。现在的王俊凯考上了北京电影学院，易烊千玺考上了中央戏剧学院，而王源也做好了出国深造的打算。学习上他们很用功，王俊凯很早便到学校学习，易烊千玺生病了还继续复习，王源为了出国不断练习英语；为人上他们谦虚低调，从一开始的不被人看好而不断努力，到成名后对粉丝们依然礼貌有加，这便是良好的品格！

所以，我们喜欢明星，很正常，花时间去走近他们也很好，同时不应仅仅喜欢他们俊美的外表，更要去学习他们优秀的品格，因为所有成功的明星背后都会有常人想不到的付出和努力，刘德华、周星驰、吴京等明星都是如此，同学们可以上网搜索关于他们的故事，可以看到他们的优良品格和努力奋斗的过程！

明星实则不仅仅指娱乐明星，还有文化明星，如诗词大会中的蒙曼教授，博古通今；还有科学明星，如我国获得诺贝尔奖的药学家屠呦呦等。希望每位同学都可以找到自己人生的榜样。追星没有错，但是如果追逐的是一些短暂的浮华、外表的美丽，而不是内在的丰盛，这样的追星不会让自己的人生更好，那就有些浪费时间了！

所以，各位同学，我们每个人都可以成为明星，点亮自己的内心，给予他人光明；我们每个人有着自己的优势，在各行各业都可以大放光彩！

最后，青少年们，让自己成为某个领域的明星，让这个世界因为我们而更闪亮！

No.20

生活迷茫，不知道选择做什么怎么办？

人在成长中会有迷茫，这也很正常，说明这是要做选择的时候，也是机会到来之前的一种等待。华人大导演李安成名前曾在家迷茫了好多年，没有作为，但是他得到了来自太太的支持，最终做出了大成就！

每个人一生中一定会有好的机会出现。在机会来的时候，敏锐抓住；在机会没到的时候，潜心修炼！如同诸葛亮一样，刘备没有找他之前，他已经在修炼自己了，所以虽在茅庐中却知晓天下事，而等到刘备三顾茅庐之后，便开始辅佐其统一天下！

同时，迷茫的时候多内观自己，问问自己喜欢什么、擅长什么、做什么对社会有价值。喜欢的事情做起来才开心，擅长的事情更容易出成果，对社会有价值的事情在解决社会问题中可以收获财富，所以可以根据这三点来选择需要做的事情。

再者，迷茫的时候，可以寻求智者去交流，听听他们的人生故事。我相信他们也会有迷茫期，了解他们是如何做出选择并有了人生的成果，我们一定可以得到启发！

当然，如果实在没有选择，就凭着自己的感觉去尝试，去做，很多机会是在做的过程中产生的，因为缘分中间有缘分。我现在从事的教育，便和我大学保送研究生期间因为没有事情做而选择做学科辅导有关系。在做的过程中，很多机会就来了！

迷茫的时候不要陷入纠结，做个好人，在任何行业用心做，怀有利他之心，最后机会都会找上门，如果希望不付出就有回报，希望轻松地成就伟业，这就很难了，因为心怀梦想，一定需要脚踏实地才能成功。选择一个地方打井，选择固然重要，可要坚持往下打才可能有水涌出来，往往选择之后需要持续努力，因为“十年磨一剑”！

所以，青少年们，在迷茫中思考，在行动中创造！